英語教育のアクション・リサーチ
Reflective Teaching in Second Language Classrooms

ジャック・C・リチャーズ/チャールズ・ロックハート著　新里 眞男 訳

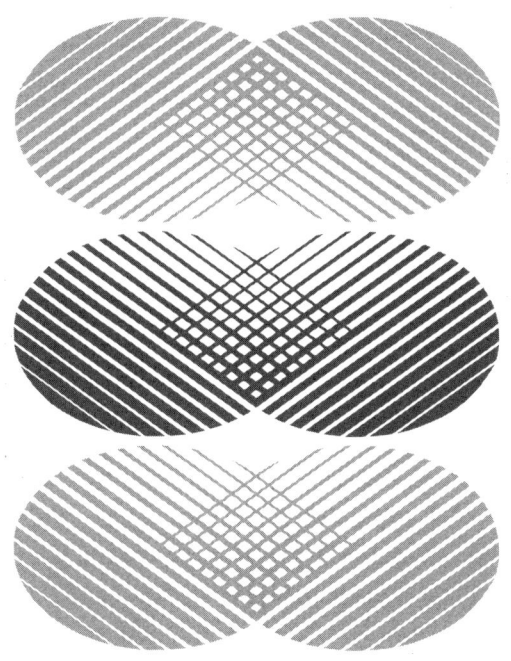

研究社出版

Reflective Teaching in Second Language Classrooms
by Jack C. Richards and Charles Lockhart
Copyright © 1994 by Cambridge University Press

Japanese Translation
Copyright © 2000 by Kenkyusha Ltd.

訳者まえがき

　本書の原題は *Reflective Teaching in Second Language Classrooms* であり、初版は 1994 年である。私が入手したのは出版直後だと思う、確か、買ってからすぐ一気に読み通したのを憶えている。そして、その後、機会があるたびに友人や知人に、そして、「公」の講習会などでも紹介してきた。そして密かに翻訳にしてみたいという気持ちを抱いていた。

　この本の魅力は何か。それは、"reflective" という言葉にある。この言葉は教育学用語として日本の教育学者にもかなり使われている。しかし、「反省的」という訳語で使われることが多く、どうも本質を伝えていない感じがしていた。つまり、あの「反省猿」のイメージが教師のイメージと重なってしまうのである。何か重大な過失を犯して「反省する」教師、または、教育の現状を改善できなくて「反省する」教師というイメージである。

　本書では、「省察的」という言葉を使った。本書における重要な提案の一つは、授業を振り返り、そこにある問題点を特定し、その問題点を解決するための指導計画を立て、その計画に則って新たな実践を行い、再度その授業を振り返り、新たな課題を見出し、その解決へと向かうという継続的サイクルであるアクション・リサーチの勧めである。そして、そのアクション・リサーチの一番基本となる考え方が、この「省察」(reflection) なのである。つまり、英語教師自身が、「自分の授業実態を振り返り、じっくりと思考する」ということから授業改革が始まるという考え方である。

　このことがなぜ大切なのか。今まで、英語教育における新しい理論や教授法など、そして時には、具体的な指導技術までもが、教室の外からやってくるものと考えられていた。それらを考えるのは、(主に海外の) 言語学者であり、言語教育学者であり、少なくとも、一部の例外的に優れた才能をもつ授業実践家と思われていた。そして、「普通の」教師は、他人が考えた理論や教授法、指導技術を借用し、応用し、実践することが期待されていただけである。だから、そのような教師は、講習会に出たり、本を読んだりして、新しい理論や技術を学ぼうとすることに汲々としてきたのである。(そして、実態としては、自分の授業では、これらの借用理論や技

術がうまく機能しないことに半ばあきらめを感じているのである。)

　それが、このアクション・リサーチをはじめとする「省察的アプローチ」は、そのような考え方をそっくり逆転しているのである。つまり、教師が授業改善の主体になるべきであるということである。そして、教師自身が、自分の授業を省察する過程を通して、指導についての知識や理論を発展させていくという考え方である。教師は、この「省察的アプローチ」を少しずつ内在化させていき、自立した英語教師に成長していくのである。

　以上が、私がこの本に惹かれた理由である。ほとんどの英語教師にとって、英語とは母語である日本語と違い、いつまでたってもいわゆる "native feel" をもつことはできない。英語の指導のプロであっても、常に「他人から借りたふんどし」で勝負をしなくてはならないのである。このことは常にネガティブな意味合いをもつとは限らないが、残念ながら多くの場合、英語教師の自信のなさや自立性のなさにつながってきた。それが、授業そのものの改善を図ろうとする際にも、英語教師の心理に影響を与えてきたのではないだろうか。解決や改善への第1歩は、自分の授業を「省察」することにあるとは考えず、海外や他人の理論や実践に目を向けてきたのである。私は、かなり以前から、この傾向を打開するためには自分の授業を振り返るしかないと考えてきたが、その考えがここにもっときちんとした形で示されたのである。

　もちろん、この本に書かれていることを単に「借用」しようとするだけでは、本書の意図にも、訳者としての私の元々の意図にも反する。特に、アクション・リサーチの手順は本書に示されたものが定型である、などと受け取ってはまずいだろう。それも一つの例であり、後は一人一人の英語教師が自分の授業を「省察」しながら、必要に応じて改変し、応用すべきものである。教師の数だけ授業はあり、また、一人の教師の授業であっても、日々変化するのである。そして、どの授業にも、それぞれ刻々と成長を続ける個性的な生徒がいるのである。誰にも、どの授業にも当てはまるアクション・リサーチ法などあると考えない方がよい。むしろこの考え方をどのように生かせるかという「省察」こそ重要であろう。

　といっても、残念ながら、英語教師は(他の教科を教える教師もそうだが)、孤立している。本書の中で述べられているような自分の授業について「(同僚の教師との)相互観察」を行うようなことは、かなり困難であろ

う。また、「省察」といっても、なかなか一人では発想が往きどまってしまう可能性もある。学校の中の同僚、同じ地域の英語教師仲間、大学の研究者、学会の仲間などと協力しながら、一人一人での「省察」をどのように進めていくか、お互いに援助・協力して行く必要がある。

　本書を、そのような際に活用していただきたいと思う。特に「省察」を行う際の視点については、かなり包括的に示されているので十分に参考になる。そのような視点に従って「省察」をするだけでも、自分の授業の特徴や傾向、そして問題点や課題が見えてくるはずである。そして、さらに「省察」を進め、そのような問題点や課題への改善や改革へと進んでいけるのであれば、訳者としてこれ以上の喜びはないというものである。

　本書では、なるべく原文に忠実に訳出しようとした。また、専門用語はできるだけ使わないように配慮した。しかし、訳し始めてみると、本書は訳しづらい英文で書かれていることが分かった。特に "belief" という語と "interaction" という語については、最後まで揺れてしまった。結局はそれぞれ、「信条」と「インタラクション」に落ち着いたが、これらの言葉で統一すると原書でのもう少し幅広い意味合いを表現できない感じがする。「信条」というと、宗教的な感じがするし、若い教師にはなじみのない言葉かもしれない。しかし、「信念」では意思強固過ぎるし、「信ずること」では、言葉数が多く、文脈にうまくはまらないことが多かった。また、「インタラクション」の代わりに「相互作用」も考えたが、どうも堅い感じなので、教室での教師の意思決定の種類の一つとして「相互作用的意思決定」と使った以外は、「インタラクション」に一応統一した。これら以外でも、私の力不足で、意味のつかみにくいところ、誤解したところなどがあるかもしれない。読んでいただいた方々からのご指摘をいただければ幸いである。

　最後になるが、翻訳の機会を与えていただいた研究社出版には心から御礼申し上げる。翻訳の実作業が、私の公務の一番重要な時期と重なっていたにもかかわらず、忍耐強く励ましていただいた。特に、佐藤淳さんと津田正さんには多大のお世話をいただいた。ここに深く感謝の意を表したいと思う。

2000 年 7 月

新　里　眞　男

シリーズ編集長のまえがき

　第2言語教育における最近の傾向は、教えるということを、「指導法」とか、「外側の」「トップダウン的な」視点から見ることから離れ、教えることそのものを理解しようとするアプローチへと変わりつつあることである。そのような新しいアプローチは、まず指導者や実際の指導過程から研究を始め、教師が何をやり、どうしてそれをやるのかということを教師とともに探求しながら、指導過程のよりよい理解を得ようとしている。そして結果として、教えるということに関して「内側からの」「ボトムアップ的な」見方を構築することができたのである。このアプローチは、指導者が自分を観察し、自分の授業や授業における自分の役割に関するデータを集め、そのデータを自己評価や改善のために、そしてひいては教師としての成長のために活用していくということを含んでいるので、教師主体的であり、教師自ら実践されるものである。

　チャールズ・ロックハートと私がこの本で示そうとしたのは、以上のような「教えること」に対する「省察的アプローチ」を第2言語を教える教室に応用したものである。省察的アプローチとは、将来教師として、判断を下し、計画を立て、実行に移すために行う批判的な自己検証や省察と密接な関係をもつものである。この本は、教師や生徒がもっている信条、教師の意思決定、そして教師や生徒の役割など、「教える」ことに関係するいくつかの重要な面に焦点を当てている。まず、関連する理論や実証的研究とともにそれぞれの問題のもつ重要な意義を指摘し、日誌書き(journal writing)や、相互観察(peer observation)、そして、教師が自分たちの教室で実施できるようなアクション・リサーチ(action research)など、実証的研究のためのいくつかのタスクや活動を示している。各章は、プロの教師としての専門的な発展を図る手段として、省察や自己探求、そして自己評価のもつ役割を奨励しているのである。

ジャック・C・リチャーズ

まえがき

　本書は、教員養成や現職研修プログラム用に書かれたものであり、一般的な教育実習や、授業観察や教授法の理論、言語教育のメソッドとアプローチについての研修を提供する講座で使われることを念頭に置いている。そのようなプログラムの指導者は、相互観察や自己評価、プログラム評価、アクション・リサーチなどを含んだ、個人や集団としての教員の専門的資質向上のための活動の基本としてこの本を活用していただきたい。

　各章では、指導に関する重要な局面を示し、批判的省察だけでなく教室での観察や調査などの基礎をなす問題点を提示している。そこで例示されている小規模の調査タスクはさまざまな教室場面で教師や教育実習生によって実施可能であろう。

　第1章は、教室での調査方法を示している。その中には指導日誌や授業記録、調査とアンケート、音声録音やビデオ録画、観察、アクション・リサーチなどが含まれている。第2章は、指導や学習に関する教師の考え方や信条がいかに彼らの授業に影響を与えるかを検証している。第3章は、学習者の側の信条や目標、態度などを扱い、これらが彼らの学習スタイルや学習方略にどのように影響するかを論じている。第4章では、指導の際に働く思考過程について検討し、「計画」「授業中のやりとり」「評価」という3分野における意思決定について考察している。第5章では、教師が学校や自分の教室で果たす役割や、これらの役割が生む責任、さらにそれらの責任がどのように指導者の指導スタイルに影響するかを調べている。第6章では、指導過程をどのように組み立てるか、そして、異なる指導過程が授業のまとまりやダイナミックスにどのような影響を与えるかを検討している。第7章は、教室におけるやりとりの本質、例えば、第2言語を教える授業に特有なやりとりのパタンや、教師がこれらのパタンに影響を与えることができるとしたらその方法に焦点を当てている。第8章は、教師が自らの指導上の目標を達成するために行う活動例や、それらの活動を計画したり使ったりする際に考慮すべき判断は何かという観点から授業を吟味している。第9章は、教室でのやりとりの言語的な局面に焦点を当て、教室での言語使用と言語習得との関連を見ようとしている。

章の配列は、提示のしやすさに従った。第1章を除いて、どの順序から活用されてもかまわない。第1章はまず始めに読んでいただきたいが、それは、本書全体を通して活用されることになる省察的指導の手順を示しているからである。その他の章は指導の重要な側面についての独立した議論であり、この本がこれから教職に就こうとされている人々向けか現職研修向けに使用されるかによって、様々な活用法がある。各章にある質問は、その章で議論されたトピックについて一層の省察を奨励するために加えてある。これらの質問は、可能な限り、教員養成と現職研修のいずれに参加する先生方も念頭に置いている。各章の終わりには、日誌を書くこと、相互観察、授業研究、そしてアクション・リサーチの例など、発展的活動への提言がなされている。この本全体を通して、議論されている課題を例示するために生徒や教師からの引用や授業記録からの写しが活用されている。出典が示されていない例の場合は、私たちが実施した研修コースやワークショップに参加された先生方から提供されたものである。

　本書は、アメリカ、ブラジル、香港、日本を含めた様々な国で私たちが行ってきた言語教育に関する教員養成や現職研修コース向けに、題材や活動を提供するという目的で書かれたものである。これらのコースの参加者、特に、香港の市立大学の学生達に対して、本書で紹介した多くの活動を試行していただいたことや、実際に我々が教室に出向き、それらの活動を活用した指導の様子を調査するのを許可していただいたことに対して感謝している。

ジャック・C・リチャーズ
チャールズ・ロックハート

目　次

訳者まえがき ･････････････････････････････････ iii
シリーズ編集長のまえがき ･････････････････････ vi
まえがき ･････････････････････････････････････ vii

序：授業過程の探究を通した教員研修 ･･･････････ 1

第1章　授業を通した指導研究アプローチ ･･･････ 7
　　日誌　8
　　授業記録　10
　　実地調査やアンケート調査　12
　　録音やビデオによる授業記録　13
　　観察　14
　　アクション・リサーチ　15
　　［アペンディクス］　19

第2章　教師の信条を探る ････････････････････ 31
　　教師の信条のみなもと　32
　　英語についての信条　34
　　学習についての信条　36
　　指導についての信条　39
　　プログラムやカリキュラムについての信条　41
　　専門職としての語学指導についての信条　43
　　発展活動　46
　　［アペンディクス］　48

第3章　学習者に焦点を当てる ････････････････ 55
　　学習者の信条システム　55
　　認知スタイル　63
　　学習方略　68

発展活動　74
　　　アクション・リサーチ　ケーススタディ 1　76
　　　[アペンディクス]　79

第4章　教師の意思決定 ･･････････････････････ 87
　　　計画意思決定　88
　　　相互作用的意思決定　93
　　　評価的意思決定　98
　　　発展活動　101
　　　アクション・リサーチ　ケーススタディ 2　103
　　　[アペンディクス]　105

第5章　教師の役割 ･･････････････････････････ 109
　　　役割の本質　109
　　　組織的な要素を反映した教師の役割　110
　　　指導理論や指導法を反映した役割　114
　　　個人的な指導観を反映した教師の役割　119
　　　役割の文化的な次元　122
　　　発展活動　124
　　　アクション・リサーチ　ケーススタディ 3　126

第6章　言語授業の構造 ･･････････････････････ 129
　　　始まり　130
　　　順序立て　134
　　　ペース配分　140
　　　終わり　143
　　　発展活動　144
　　　アクション・リサーチ　ケーススタディ 4　145
　　　[アペンディクス]　148

第7章　第2言語教室におけるインタラクション ････ 154
　　　教師の行動区域　154
　　　インタラクション能力　157

学習者のインタラクション・パタン　　161
　　　グループ編成　　164
　　　発展活動　　172
　　　アクション・リサーチ　ケーススタディ 5　　175
　　　［アペンディクス］　　177

第8章　言語学習活動の本質 …………………………………179
　　　言語学習活動のタイプ　　180
　　　言語学習活動の局面　　187
　　　発展活動　　193
　　　アクション・リサーチ　ケーススタディ 6　　195
　　　［アペンディクス］　　198

第9章　教室での言語使用 ……………………………………199
　　　教師は自分の言語をどのように修正するか　　199
　　　教師の質問　　202
　　　フィードバック　　206
　　　教室における学習者の言語使用　　211
　　　発展活動　　219
　　　アクション・リサーチ　ケーススタディ 7　　220

エピローグ ……………………………………………………223

参考文献 ………………………………………………………225
索　引 …………………………………………………………234

序: 授業過程の探究を通した教員研修

指導について問を発する

　この本は第2言語クラスにおける指導の本質を探究するものであり、指導法を探究するのに利用できる技法を、教員や研修中の教員に紹介するためのものである。この本のねらいは、指導に対する省察的なアプローチ、つまり、教師や教育実習生が指導に関するデータを収集し、自分たちの態度、信条、仮説、指導実践を調べ、それらから得られた情報を土台として活用し、指導に関する批判的省察を行うようなアプローチを開発することである。

　批判的省察とは、次のような問を発することを必然的に含むものであり、それぞれの質問は、この本の各章の焦点になっている。

- 自分の指導法に関する情報をどのように集めたらよいか。(第1章)
- 指導や学習に対して自分はどのような考えを持っているか、そしてこの信条が私の指導にどのような影響を与えているか。(第2章)
- これらの信条はどのようにして生じたか。(第2章)
- 自分はどのような教師であるか。(第2章)
- 私の生徒は学習や指導についてどのような考えを持っているか。(第3章)
- これらの信条が彼らの学習に対してどのような影響を与えているか。(第3章)
- 私の生徒はどのような学習スタイルや方略を好むか。(第3章)
- 自分は授業の計画段階でどのような種類の意思決定を行うか。(第4章)
- 自分は、実際に指導をしている間、どのような即応的決定をするか。(第4章)
- 自分の指導法を評価するためにどのような規準を利用するか。(第4章)

- 教師としての自分の役割は何か。(第4章)
- その役割が自分の指導スタイルにどのような影響を与えているか。(第5章)
- 生徒は教師としての自分の役割をどのように見ているか。(第5章)
- 自分の授業はどのような枠組みや構造を持っているか。(第6章)
- 私は目標を生徒にどのように伝達しているか。(第6章)
- 私は授業における学習機会をどのように有効に活用しているか。(第6章)
- 私の授業ではどのようなインタラクションが成立するか。(第7章)
- 私の生徒はどのような種類のインタラクション・スタイルを好むか。(第7章)
- 私はどのようなグループ編成法を用いるか、そして、それらは効果的か。(第7章)
- 私はどのような学習活動を採用しているか。(第8章)
- これらの学習活動の目的は何か。(第8章)
- 私が指導するとき、どのようなパタンの言語使用が生じるか。(第9章)
- 指導や学習を促進するために私はどのように自分の言葉を使い分けているか。(第9章)
- 私の授業では生徒は本物(authentic)の言語使用のためにどのような機会が与えられているか。

　以上のような質問をしたり、答えたりすることで、教師は自分の指導を評価したり、自分自身の指導のいくつかの局面を変えられるかどうか決めたり、変化への方略を開発したり、これらの方略を実施した際の効果をチェックするような状況に身を置くことになる。

　上のような質問は、教師が自分の指導において直面する問題点を描写するときによく発するものである。これらの問題点を話す中で、教師達は、今までに受けた多くの教師研修の伝統的なアプローチは、自分たちの問題に関して実際的な助けを与えてくれるような答えを見つけるにはほとんど役立たなかったことを指摘している。指導技術を改善することを目指して企画される現職研修も、ほんの短期間の効果しかなく、教師が自分の指導法を吟味するという継続的なプロセスにかかわるようにするものではな

い。

　上に掲げた質問に答えるためには、指導を客観的に観察したり、そこで発見されたことを批判的に省察することが必要である。授業を探究する過程から得られる情報はいくつかの点で役に立つ。実際の授業実践についてのみならず、指導について持っている自分の仮説もよりよく理解できるようになるし、指導についてのより豊かな概念形成にもつながり、指導や学習プロセスのよりよい理解にもつながる。さらに、自己評価のための土台にもなり、それゆえ、プロの教師として発展するための重要な要素になる。

〈ディスカッション〉
1. このセクションに挙げられた質問のうち、あなたにとって一番興味深いものはどれですか。
2. 指導に関してあなたは他にどのような問を発することが重要だと思いますか。
3. これらの質問に対するあなたの答えと他の人の答えを比較しなさい。

本書の基底をなす前提

　この本は、現職の教員やこれから教員になろうとしている人たちを、第2言語教育や外国語教育の様々な局面に焦点を当てた活動へと案内していく。本書が探究しようとする課題は、ある特定の指導法や指導観に直結しているものではない。なぜなら、先生方は非常に多様な状況(例えば、中には初心者を教えたり、中には上級者を教える人もいる)で仕事をしているし、多様な内容(例えば、ある人たちはリーディングを教え、別な人たちはライティングやスピーキングを教えるなど)を教えており、さらに多様な指導法やアプローチをもち、指導経験や技術の深さも異なる(教育実習中の人もいれば、経験豊富な先生方もいる)からである。この本は、教員に効果的な指導とはどのようなものか教えようとしているものではない。むしろ、どの指導法やアプローチにも活用できるような、教えること

に対する批判的・省察的なアプローチを身に付けてもらおうとするものである。

指導を探究するために使われる手法は、次のような教員養成の本質についての仮説に基盤を置いている。

1. 情報通の教員は、指導に関する幅広い知識を持っている。

教えるということは、複雑で多くの局面を持つ活動である。その多様な要素や局面について幅広い知識と深い認識を持つ教員は、指導において適切な判断と決定を下すことができる。

2. 自分自身を探究することで指導について多くのことが学べる。

多くの教師にとって、指導主事などの訪問が、自分たちの指導に対する主なフィードバック源になる。指導主事や外部からの他の訪問者のコメントが自分の指導についての有用な情報源になることは確かだが、自分の指導について調べるには教師自身が最善の立場にいる。変化や発展を生じさせる起爆剤として、専門家の意見や理論、または、外部の知識を招くよりも、この本のアプローチは、個人や仲間との共同により自分たちの指導についての情報を教師自身が収集し、指導について種々の決定を下し、変革に着手すべきかどうかの決定をし、その方略を選択することを求めるものなのである。

3. 指導の過程で起きていることの多くは、教師にとって意識されていない。

教師の多くは、自分がどんな指導をしているか、授業中生じるその時々の意思決定事項の多くをどのように扱っているかなど、あまり意識していない。これは、自分の授業のビデオを見た教師が発した次のようなコメントによく示されている。

> 教師の自分があれほどしゃべりっぱなしで、生徒に練習させていないなんて全然知らなかった。
> 私のペース配分はめちゃくちゃでした。一つの活動をこなすのに十分な時間を与えずに次の活動に移ってしまいました。
> グループ活動はまずってしまいました。生徒は何をやったらよいのか理解していませんでした。
> 私はクラスの生徒の半数を無視してしまいました。

授業中にはたくさんのことが同時並行的に起こるので、教師にとって、

教室で何がどうして起こるのかに気づくことは時に難しいことである。この本に使われている活動は、指導のいろいろな局面におけるデータを集積し、調べることによって、教えることの本質をもっと明確にしようという意図で考えられたものである。

4. 単なる経験は発展の土台としては不十分である。

経験というのは、教師としての成長にとって重要な要素ではあるが、それだけではプロとしての成長の土台として不十分である。指導の様々な局面が毎日毎日展開され、教師は指導において繰り返し生起する局面に対処するために、一定の手順や方略を開発する。しかし、研究によると、多くの経験豊富な教師にとって、授業の手順や方略の多くはほとんど無意識に適用されて、あまり意識的に考えたり省察したりするということはないということである (Parker 1984)。経験は教師が成長するためのスタートとはなるが、経験がもっと生産的な役割を果たすためには、経験そのものを体系的に調べてみる必要がある。そのためには、特別な段階を踏む必要があるが、これらについては第1章で紹介されている。

5. 批判的省察 (critical reflection) は、教えることについてのより深い理解への引き金となる。

批判的省察は、実際の指導経験を、評価や意思決定の土台として、また、変革の源として吟味することを意味している (Bartlett 1990; Wallace 1991)。それは、事態がどうしてこのようになったのか、その事態はどのような価値体系を表しているのか、他にどのような代案が利用可能なのか、あることをあのようにやらずにこのようにやることにはどのような制約があるのか、などについて問を発することを意味しているのである。

教えることの本質についてよりよい知識をもっている教師は、自分のプロとしての成長段階や自分の指導のどの面を変えるべきか、きちんと評価できる。さらに、もし、批判的な省察が継続的なプロセスとなり、指導上のいつもの手順の一つになると、教師はもっと自信をもって違ったオプションを試したり、自分の指導における効果についても評価することができる。

これらの仮説は、もし教師が自分の授業で起きていることについて積極的に省察するようになれば、自分が教えていることと自分の生徒が学んでいることの間のギャップを発見できる立場にたてる、という事実を反映しているのである。この省察というプロセスは研究の特別な形態であり、

クロス (Cross 1988: 3) は次のように描写している。

　これは、指導が生徒にどのような影響を与えたかについての教師自身による研究である。教室における調査研究の基本的な前提は、それぞれの教科において、教師が教室を学習過程を研究する実験室として活用するという点である。教師は、自分の教室で生徒がいかに学習するかを、巧みに、体系的に観察しなくてはならない。

教室でのプロセスを体系的に探究することこそ本書のテーマである。

〈ディスカッション〉
1.　この章にリストアップされた教員養成についての5つの仮説をもう一度見直してみなさい。あなたはこれらの仮説に賛成ですか。あなたは教員養成のプロセスについてどのような仮説を持っていますか。あなたの教師としての成長にはどんな要因が作用しましたか、または、将来作用すると思いますか。
2.　もし既に教職についているのなら、あなたは自分の指導や指導に対するアプローチにおいて変化したところをはっきりと指摘できますか。それは、教師としての自分自身についての見方や生徒へのアプローチ、そしてあなたが採用している教授法や教授技法の変化であるかもしれません。どうしてあなたはこのように自分を変えたのでしょうか、また、どうしてこのような変化が起きたのでしょうか。

第1章　授業を通した指導研究アプローチ

　本書の基本的な前提は、どの授業でも、どの教室でも何かが起こり、教師はその何か起こったことを活用することで、指導というものについて理解を深めることができる、というものである。教師は時には、これらの出来事を活用できず、その日の他の出来事の勢いに負け、それらを優先してしまうのである。しかし、もし教師がこれらの出来事についての考え方や反応を手に入れる手段や、これらの出来事そのものについてのより詳細な情報を集める手段を見つけることができれば、これらの経験は批判的な省察の土台として役に立つのである。この土台に立って、教師は、自分の必要性に応じて、そのような出来事が起こるのを妨げたり変化させたりする方略を開発することができるのである。この章では、教師が教室での指導を研究するのに役に立ついくつかの簡単な方法を紹介する。それぞれの方法には利点と制約があり、ある方法は指導のある面を探究するには他の方法より役に立つということがある。読者は自分で、どの方法がどのような目的に役に立つかを決めなくてはならない。

　ここで議論される方法はこの本全体を通して触れられることになるが、それは次のようなものである。

1. 指導日誌
   指導体験を文字や音声で記録すること。
2. 授業記録
   授業の主な特徴を記録した授業報告。
3. 実地調査やアンケート調査
   指導や学習のある特定の側面についての情報を収集するために行われるアンケートや実地調査などの活動。
4. 録音やビデオによる記録
   授業全体や授業の一部の記録。
5. 観察
   指導教官の授業を観察した教育実習生がまとめたもの、または、(同僚

の教師の授業を観察した教師がまとめた）相互観察。
6. アクション・リサーチ
　教師の授業のある面に変化をもたらすために作られたアクション・プランの実行とその後における改革の効果の調査。

日誌

　日誌は、教育実習生や教師が様々な指導活動について、文字に書いて反応したものである。日誌を継続的につけることには二つの目的がある。
1. 活動やアイディアを記録し、それらについてあとで省察する。
2. 書き留めるという過程そのものが指導についての洞察を誘発する。この意味で、書くことは発見のプロセスとして役に立つ。

　日誌を書くことで、教室での経験から得られる様々な話題が探究できる。例えば、

　　教室や学校で起こったことについての個人的な反応
　　指導の過程で起こった問題についての疑問や観察
　　授業や学校における様々な出来事の重要な局面についての描写
　　将来へのアイディアや、実行に移すべき事柄の備忘録

　教師の中には、指導に対する自分たちの反応を録音する、つまり、文字による日誌ではなく、音声による日誌をつける方を好む人達がいる。
　バートレット(Bartlett 1990: 209-10) は、日誌に書くべき内容について次のような提案をしている。

　　我々が書き記すのは、教室においていつも意識的に行っている行動に関してである。それには、生徒との会話、授業における決定的な出来事、教師としての個人的な生活、指導についての我々の信条、指導に影響を及ぼすと考えられる教室外での出来事、言語指導や言語学習についての我々の考え方などがある。

　この章のアペンディクス1には、日誌を書く際の焦点を提供してくれる、省察のための質問が含まれている。読者は本書を読み進めながら、これらの質問を再検討してほしい。
　日誌をつける際に次のような手順が推奨されている (Baily 1990; Porter

et al. 1990; Walker 1985)。

1. 例えば、週に1回とか2回とか、もし可能ならば毎日と決めて、規則的に記入すること。授業終了後5分または10分程度をとって、授業について書いたり記録することは役に立つ。

2. 日誌を定期的に読み返すこと。書いたり記録した時点でははっきり見えていなかったものが、後になって明確になることがある。日誌を振り返りながら、次のような質問を自分に問うてみるとよい。

> 自分は普段教師として何をしているのか。
> どんな主義や信条が私の指導を特徴づけているのか。
> 私はどうしてこのように教えているのか。
> 私の授業では生徒はどんな役割を果たしているのか。
> 今とは違う教え方をすべきだろうか。

複数の同僚が日誌をお互いに見せ合ったり、その内容について定期的に話し合ったりしても、日誌をつけることが有益になる (Brock, Yu, and Wong 1992)。アペンディクス2は、3人の教師が共同して日誌をつけた例である。

以下は、ある教師が日誌に書き込んだ内容の例である。

> 今日私は授業でスキミングに焦点を置いたリーディングの授業を行った。生徒に "Study Paints Grim Picture" というリーディング教材を与え、文章をざっと読んでどんな社会的問題が述べられているか探るようにと伝えた。数分して、答えをチェックしながら生徒にパラグラフごとに番号をつけるように言った。生徒は、それぞれの社会問題についての情報が含まれているパラグラフを探さなければならない。それから私は答えをチェックしていくつかの難しい語彙の説明をした。次に、5個のパラグラフが書かれているハンドアウトと、それとは別に5個の表題が書いてあるハンドアウトを配布した。生徒は両方のどれとどれがマッチするか考えた。

> 授業後に思ったこと
> タイミングの取り方がまた問題だった。当初の計画ではパラグラフと表題との照合をチェックするところまでやることになっていたが時間がなくなってしまった。

表現そのものを説明することにあれほど時間をかけるべきではなかった。このため、授業の目標であるスキミングが十分できなかった。
スキミングの練習そのものにもっと時間を割くべきだった。
まず、社会問題を話し合うことから授業を始めるべきだった。そうすれば、生徒は自分たちの答えと教材の文章に出ていた答えとを比較することができた。

　この教師の日誌を見ると、彼女が日誌をどのように活用していたかが見えてくる。指導活動をどのように行ったかを述べ、授業について気掛かりだったことを明らかにし、今後の授業でとるべき新しい授業手順を考えるために活用している。また、この日誌では、日誌を書くことが持つ特徴的な機能が浮き彫りにされている。つまり、他の手段ではできない方法で教師が自分の指導を吟味することを可能にしている。

〈ディスカッション〉
1. あなたやあなたの同僚の教師で日誌をつけたことがある人がいますか。それはどんな日誌でどんな目的を持ったものでしたか。日誌をつけるという経験からどんなことを学びましたか。
2. 自分の指導に関して日誌をつける際、どんな課題や問題点に焦点を当てるのが役に立ちましたか。
3. あなたの授業日誌を読む人として誰が最も適していると思いますか。想定されたその読み手は、あなたが日誌を書いたり記録する方法にどのような影響を与えますか。

授業記録

　授業記録とは、授業を振り返ってみてその授業の特徴を描写することを可能にする組織的な項目リストのことである。授業記録の目的は、授業中にどんなことが起きたか、授業のいろいろな場面でどのくらいの時間が使われたか、そして、その授業がいかに効果的であったかを定期的にチェックするための素早く簡便な手順を教師に提供することである。授業案は、教師が授業で何をやろうと意図したかを記すものであるが、授業記録は、

何が実際に起こったかを教師の視点から記録するものである。

　授業記録は授業中に起こったことを全く正確に記したものではないが、授業における多くの重要な特徴を記録するものとして役に立つし、このため、教師の指導をチェックするために活用できる。授業記録のいろいろな書式は出版されていて、ESL の授業の様々な面に利用できる (Pak 1985)。

　授業記録を効果的なものにするには、教えている科目の目標と内容に合った書式を教師が用意すべきである。自己報告式の授業記録を作成するには、次のような手順が推奨される。

　1. まず、当該の科目の基本となっている哲学が何であるか、そして、その科目において用いようとする個々の活動や手順、教材・教具などをできるだけ詳細に把握する。例えば、文法のクラスを教えている教師集団なら、まず、文法の指導についての各自のアプローチについて話し合い、科目のねらいについての考え方を明確にし、自分たちが活用しようとする教室での活動、手順、そして教材・教具を明らかにする。

　2. 次に、授業記録簿の作成である。上の文法の教師であれば、授業中に文法項目がどのように提示され、練習されたかについて情報を集めるのに利用できるチェックリストを用意するであろう。このようなチェックリストはその構成を改善するために先行テストをしておくべきである。(アペンディクス 3 を参照)

　3. 授業記録を日常的に活用し、コース全体を通して活用された活動や授業過程、指導資料などを記録しておく。

　4. 同じコースを教えている他の教師と会い、お互いの授業記録を振り返り、比較する。その際、指導方法における違いやその違いが生じた理由を話し合う。もし必要なら、自分が採用している指導方法や教材を見直したり、修正する。あるいは、自分の授業記録を観察して、同じコースを再度教える時に役に立つ重要な情報を集めることを望むかもしれない。

　授業記録のもう一つの方法は、授業が終わった後の数分を使って、次のような質問に自ら答えることである。

・この授業の主たる目標は何だったか。
・学習者は授業で何を実際に学んだか。
・どんな授業過程を用いたか。
・どんな問題に遭遇し、それにどう対処したか。

・この授業で一番効果的だったのはどの部分か。
・この授業で一番効果がなかったのはどの部分か。
・同じ授業をまたやるとしたら何か変更するか。

〈ディスカッション〉
1. 授業記録にはどんな情報を含めるべきだと考えますか。
2. 次のような授業記録を作成する場合の利点と問題点はそれぞれ何ですか。
   (a) チェックリスト法
   (b) 前記のような質問への反応を中心としたもの

実地調査やアンケート調査

　指導や学習のある側面は、実地調査やアンケート調査を実施することで調べることができる。例えば、ある教師はグループ活動に対する生徒の態度を調べたいと思うかもしれない。アンケート調査を実施して、生徒がグループ活動をどのくらい役立つものだと思うか、グループ活動から何を学ぶことができると思うか、グループ活動が適切だと思われるのはどんな内容や技能を扱う場合であると思うか、などについて質問することができる。実地調査やアンケート調査は、信条、態度、動機、好みなど、指導や学習にからむ情意的側面について情報を集めるには役に立つ方法であり、教師は比較的すばやく多量の情報を集めることができる。アペンディクス4は、いろいろな学習活動についての学習者の好みを引き出すアンケート調査である。その他の多様な実地調査やアンケート調査の例については本書の後の章で論じられている。

〈ディスカッション〉
1. 指導や学習の側面で、アンケート調査を活用することで効果的に調べることができるものは何ですか。
2. 上の1の質問で得られた情報はどのように活用することができますか。誰がこのような情報を入手できるようになるべきと考えますか。

録音やビデオによる授業記録

　これまで述べてきた方法は比較的実行しやすいという利点を持っている。しかし、デメリットとして、指導についての主観的な印象しか得られず、本質的に、授業で起きたことの回想や解釈だけが得られるだけで、その中で起きた出来事そのものを捉えることはできないという点がある。このため、他の方法もまた必要になる。授業の丸ごとの記述は、実際にそれを音声テープやビデオなどを利用して記録すれば得られる。教室の拠点にカセットテープやビデオカメラを設置することで、授業で起こったことの大部分は記録できる。

　授業をこのような方法で記録する利点は、焦点の当て方を選択できることである。もし、教師がマイクロフォンを付けているなら教師が焦点になるし、録音機があるグループの生徒の近くに置かれれば彼らが焦点になる。もう一つの利点は、このような記録方式は記録したものを繰り返し再生し調べることができることで、例えば、教師や学習者が実際に使った言葉など、他の方法では容易に観察できない授業の詳細の多くを捉えることができる。シュラッツ (Shratz 1992: 89) は次のように述べている。

　　視覚や音声を使った記録方法は、教師の自己省察的能力を開発するのに非常に役に立つ。それは、授業の中で起こったことを、鏡に写し取ったような客観性で教師に突きつける。さらに、後々活用するために保存されたものは、教師個人の長年の経験における成長過程を知るための貴重な洞察を与えてくれる。

　しかし、このように授業を記録する方法も限界がある。例えば、教室の中に記録装置が存在することで授業が台無しになることがある。また、記録装置は記録の限界範囲がある（つまり、最前列の生徒だけしか記録できないこともある）。さらに、記録されたものを再生してみるのは時間がかかる。シュラッツ (Schratz 1992: 89) は次のように指摘している。

　　授業を記録するために装置を設置したり、様々な局面を分析しながら再生することは長時間を要する。このため、この種の活動は日常的なレベルで継続される活動にはなり得ない。特殊な場合に採用されるだけである。

〈ディスカッション〉
1. あなた自身か別の教師の授業を記録した録音テープを聴きなさい。何か予期していなかったことに気付きましたか。
2. 教室にビデオカメラがあることで教室でのダイナミックスがどのように変化しましたか。
3. 録音することで授業のどんな局面を把握することができましたか、また、できませんでしたか。

観察

観察は、教室を訪問して指導のいろいろな面を観察することである。本書のいろいろなところで、観察が、指導を評価する方法としてではなく、指導に関する情報を集める方法として提示されている。多くの語学プログラムにおいて、教師はなかなか観察やそれに関係した活動に加わろうとはしない、というのも、観察は評価を連想させるからである。このため、観察が否定的な経験ではなく、積極的なものであると見なされるようにするために、観察者の機能を情報の収集だけに限定するべきである。観察者は教師の授業の評価をすることに関わるべきではない。この本を通して、2種類の観察が議論されている。つまり、教育実習生が指導教師の授業を観察するものと、仲間同士の教師がお互いの授業を観察する「相互観察」である。教育実習生による観察についてはアペンディクス5に、そして相互観察については、アペンディクス6にそれぞれガイドラインが示されている。

〈ディスカッション〉
1. 他の人の授業を観察した経験や自分の授業を観察された経験がありますか。それは、否定的な経験でしたか、それとも肯定的なものでしたか。また、それはなぜですか。
2. 観察することによって指導に関してどのような有益な情報が得られますか。

アクション・リサーチ

　本書では、アクション・リサーチを、教師が主体的に行う研究で、教室での指導や学習についての理解を深め、教室での実践に変化をもたらそうとするものという意味で使っている (Gregory 1988; Kemmis and McTaggart 1988)。典型的なアクション・リサーチは、教師自身の教室で行われる小規模な調査研究であり、サイクル的に繰り返されるいくつかの局面から成り立っている。

計画立案 (Planning)
アクション (Action)
観察 (Observation)
省察 (Reflection)

　例えば、教師(または、教師グループ)は
1.　もっと詳細に調査すべき課題や関心事項を選ぶ(例えば、教師の質問法についてなど)。
2.　そのトピックについて情報を集めるための適切な方法を選択する(例えば、教室での授業の記録をとるなど)。
3.　情報を収集し、分析し、どのような変化が必要かを判断する。
4.　教室での行動に変化をもたらすようなアクション・プランを開発する(例えば、教師が質問に答える回数を減らすようなプランを開発する)。
5.　アクション・プランが指導という行為に与える影響を観察し(例えば、授業を記録し、教師の質問行動を分析するなどの方法で)、その意義を考察する。
6.　必要ならば、アクション・プランの第2サイクルを始める。
　次の例は以上のアクション・リサーチの方法を示している。

　[ある日本人の英語教師が]授業で自分が使う英語の量を増やしたいと考えた。このため、彼はまず、自分が授業中どの程度、そしてどのような目的で母語(＝日本語)を使っているかを調査した。2週間のうち別々の機会に録音された3本のテープを調べ、最初はまず、自分が使っている英語と日本語の比率を明らかにするために聞いてみた。その結果、70％が英語で30％が日本語であった。次に日本語をどんな目的で使っ

ているかを明らかにするために再度聞いてみた。すると、主に二つの目的で日本語を使っていることが分かった。一つは教室運営のためであり、もう一つは、フィードバックを与えるためである。そこで、彼はこれらの二つの目的のために使う日本語の量を減らすためのプランを立てた。まず、教室で英語を使うためのガイド (Willis 1981) を参照し、教室運営やフィードバックを与えるために使われる英語の表現が使えるように練習した。彼は、自分の机の上の目立つところに、表現集と戦略を書いたカードを置いておいた。これは、自分のプランを思い出すためでもあるし、使いたいと思っていた表現を思い出すための工夫である。毎日、違ったカードを今までのカードの上に重ねていった。そして、自分の授業の記録を続け、数週間の後、テープを聞いてみた。日本語の使用はかなり減っていた (Richards 1990: 131)。

　アクション・リサーチが授業研究に必ずついてまわるものだと思われがちであるが、必ずしもそうではなく、本書で議論されている活動の多くは、それなりに有効であり、必ずしも変化とか改善といった考え方と結びつく必要はない。アクション・リサーチのやり方についてのさらに進んだ解説はアペンディクス7に示されている。

〈ディスカッション〉
1. あなたが観察したクラスや教えているクラスでは、どんなものがアクション・リサーチの課題や話題として適切でしょうか。
2. それぞれの課題をもっと詳しく調べるためにはどのような情報を集める必要がありますか。
3. 課題を一つ選び、それを調べるためのアクション・プランを開発しなさい。

　この章で述べてきたアプローチは、「批判的省察的指導法」とか「実地調査的指導法」などと呼ばれるものに教師が取り組む場合の方法の例である (他のアプローチについては、Allwright 1988; Allwright and Bailey 1991; Fanselow 1987; Nunan 1989a; Woodward 1991 を参照のこと)。他の調査方法とこれらの授業研究方法との違いは、その目的が、教師が日常

的に指導として行っていることを補完することであって、何か新しい仕事を押しつけるものではないということである。さらに、外部者ではなく教師自身が、研究してみたいところやどのような手順を踏んでいくかを決めていくということである。

〈ディスカッション〉
1. 次のような状況描写をまず読んで、そのような状況について情報を集めるのに、この章で議論してきた、指導日誌、授業記録、実地調査やアンケート調査、録音やビデオによる記録、及び、観察という方法のうち、どれが適切か考えなさい。あなたが選んだ方法の利点と問題点は何でしょうか。
   a. あなたは、英語や言葉の学習に対する生徒達の態度が気になっている。英語学習に対する積極的態度を育成したい。現在の生徒の態度がどのようなものか知りたいし、語学コース中にそれらが変化するかどうかも知りたい。
   b. あなたは授業計画を立てることについてはまじめに取り組んでるが、授業はどうも計画どおりに進行しない。予定した教材をすべて扱う時間がなくなってしまう。あなたはどうしてこんなことが起こるのか知りたい。
   c. 生徒の中に一人、いつも教室の前の方を避けて座る生徒がいて気になる。この生徒は授業を聞いてはいるが、ほとんど授業に参加することはない。あなたはその理由が分からない。たくさんの生徒がいるクラスで、一人一人の生徒の動きを見ていることは困難である。授業に対するこの生徒の態度やこの生徒が学習にどのように取り組んでいるのか、授業から何かを得ているのか、を知りたいと思う。
   d. あなたは数年間小学生に英語を教えているが、同僚が言うには、あなたは特殊な「先生英語」を話すようになったとのこと。本当にそうなのか、そのような「先生英語」の特徴は何なのか、指導に役立っているのか、じゃまになっているのかを調べたいと考えている。
   e. あなたは、ライティングの指導法としてプロセス・アプローチ

を実験している(つまり、下書き、見直し、書き直しというようないくつかの段階を経て作文を完成していくようなアプローチ)。あなたは生徒がこのアプローチが役に立つと考えているかどうか、そして教室の外で行われる作文の課題においても実際にこのアプローチを実行しているかどうか知りたいと考えている。
2. 上の1の問題状況のうち、アクション・リサーチで適切に対応できるものはどれか。どのようなアクション・リサーチ計画案が開発できるか話し合いなさい。

アペンディクス1： 指導日誌記入に役立つ省察的質問

授業で起こったことに関する質問
[指導に関する質問]
 1. はじめに何を教えましたか。
 2. 目標を達成することができましたか。
 3. どんな教材を使用しましたか。それは効果的でしたか。
 4. どんな指導技術を活用しましたか。
 5. どのようなグループ編成にしましたか。
 6. 授業は教師主導型でしたか。
 7. 教師と生徒の間にどのようなインタラクションがありましたか。
 8. 楽しいことや普段と違ったことが何か起こりましたか。
 9. 授業で何か問題がありましたか。
10. 何かいつもと違うことをしましたか。
11. どのような意思決定を行いましたか。
12. 授業案から離れたことを何かしましたか。もし離れたのなら、なぜですか。離れて良かったですか、悪かったですか。
13. 授業で主として達成できたことは何ですか。
14. 授業のどの部分が一番うまくいきましたか。
15. 授業のどの部分が一番うまくいきませんでしたか。
16. もしもう一度同じことを教えるとしたら授業のやり方を変えますか。
17. 指導に関するあなたの哲学は授業の中に反映されましたか。
18. 自分の指導に関して何か新しいものを発見しましたか。
19. 自分の指導に関してどのような変更を行うべきだと思いますか。

[生徒についての質問]
 1. すべての生徒を教えましたか。
 2. 生徒は授業に前向きに貢献しましたか。
 3. 生徒の異なるニーズにどのように対応しましたか。
 4. 授業は生徒にとってやりがいのあるものでしたか。
 5. 生徒は授業で何を学んだと思いますか。

6. 生徒が授業で気に入ったのはどの部分ですか。
7. 生徒がよく反応しなかったのは何ですか。

[言語教師として自問すべき質問]
1. 言語指導に関する自分の考え方の源泉は何か。
2. 専門家としてどの程度向上しているか。
3. 言語教師としてどのように進歩しているか。
4. 言語教師としての私の長所は何か。
5. 現在の私の限界は何か。
6. 私の指導で何か矛盾点はないか。
7. 私の指導方法をどうやって改善できるか。
8. 生徒を援助しているか。
9. 言語指導で私はどのような満足を得ているか。

アペンディクス2: 共同指導日誌の例

この研究は、授業を記録し、省察する手段として、3人の英語教師によって始められたものある。

日誌を書くことは、教師の指導法や生徒の学習法に影響を及ぼす目に見えない情緒的な要素に教師が気づくのに、有益であると伝えられている。日誌をつけることの他の利点は、そうすることで、新たな疑問や仮説が生じること、省察の道具になること、簡単につけられること、教室に外部参観者を必要としないことなどがある。

第2言語教育における日誌研究で今までに発表されたもののほとんどは個人の日誌であるが、この3人の先生方は、共同して日誌をつけ、自分の日誌だけでなく、他の人の日誌について省察し、話し合うことが役に立つと考えた。

それぞれの教師が10週間にわたり、毎週それぞれ2時間の授業について日誌を書くという計画を立てた。

第1章 授業を通した指導研究アプローチ　　　21

アクション

日誌には、ビジネス英語、技術英語、そして、補習英語などを含め多様な授業の様子が記された。3人の教師は、その際、授業での様子を記すだけでなく、自分の省察したことも書いた。ほんの2～3点に焦点を絞らなかったのである。

3人の日誌の間の相互疎通を最大限に図るため、日誌をつけるとともに、各自の印象を書いたり、グループ討論も行われた。この3段階方式は、まず、各自が日誌を書き、次に互いの日誌に反応を書き、そして、議論をするという、いわば、三角プロセスを生むことになった。議論は録音され、その後文字化された。

観察

10週間の終わりに、日誌と書き留められた日誌への反応、そして、議論を文字に起こしたものが分析され、これら3種の記録がどのように関係し、どのような課題がもっとも頻繁に起こったかを明らかにしようとした。

日誌への反応は、日誌を書いた教師に向けられた質問であるとか、もっと詳しい情報を求めるものであった。また、それらは、金曜日の午後にある特定の課題や質問を議論してほしいと求めたり、日誌に書かれていることについて相互の関心を共有することを求めるものでもあった。

日誌をつけ、反応を書き、毎週金曜日に議論することから、もう一つ面白い現象が生じた。それは、課題が、より部分的で細かなもの(実際の教室での出来事など)から、より一般的で大きなものに発展していったことである。

省察

相反する気持ちが表明された。つまり、日誌をつけることは、ある程度洞察を与えてくれるし、認識を高めてくれるが、同時にそれは、一緒にやる者にとって時間とエネルギーの点で大きな負担になった。

日誌は、利点としては、いくつかの課題に焦点を当てることを可能にしたし、一連の過程で生じた課題や質問や関心は将来の授業研究のテーマになった。また、他の教師の経験についての洞察を可能にした。

 将来は、たくさんの課題を同時に探求しようとするのではなく、焦点を2〜3の主要な課題に当て、3人が共通に関心をもつほんの2〜3個の課題を深く調査する機会をもつべきだと考えた。最後に、日誌を書き、それを他の人と共有することに専念するには、かなりの時間を割くことが必要である。

(D. Kember, M. Kelly (1992), *Using Action Research to Improve Teaching*, p. 21, Hong Kong: Hong Kong Polytechnic)

アペンディクス3: 文法授業の授業記録

1. 今日の授業の主たる目的は:
   a. 部分的な操作(例えば、句読法と大文字の使用法など)
   b. 文法規則(例えば、主語と述語の照応、代名詞の用法など)
   c. 文法のコミュニケーション的活用(例えば、物語りの中で過去形を正しく使うことなど)
   d. その他
2. 文法の練習に費やされた時間は:
   a. 授業時間全部
   b. 授業のほとんど
   c. それより少ない(＿＿分)
3. 指導すべき文法項目を決めるとき:
   a. 教科書にあるかどうかによった
   b. 科目のシラバスに取り上げられているかどうかによった
   c. 生徒のテスト結果に基づいた
   d. 口頭や書く活動における生徒の間違いに基づいた
   e. その他
4. 文法の指導法として
   a. 文法規則の説明をした
   b. 視覚教材を用いた
   c. 生徒の間違いを提示した
   d. 教科書から取り出した練習問題を与えた
   e. 私が作成した練習問題を与えた

5. 文法の課題を与えたとき、生徒にやらせたことは
   a．文法の規則を調べさせる
   b．授業で口頭練習をさせる
   c．LL で口頭練習をさせる
   d．宿題として練習をさせる
   e．作文で見つけた間違いに基づいた練習をさせる
   f．生徒同士がお互いの宿題や授業活動を振り返る
   g．各自が間違いの記録をとる
   h．文結合練習を行う
   i．特定の文法規則や文型を用いて文やパラグラフを作る
   j．作文のサンプルを見て文法の間違いを見つけ、訂正する
   k．自分の作文を見て文法の間違いを見つけ、訂正する
   l．他の生徒の作文を見て文法の間違いを見つけ、訂正する
   m．その他

アペンディクス4： 学習の好みを調査するための生徒向けアンケート

[生徒向けアンケート]

あなたにとって最良の学習法は？

例：私は歌を聴いて勉強したい。	いいえ	少し	よい	最良
1. 英語の授業では英語を読んで勉強したい。	いいえ	少し	よい	最良
2. 授業ではカセットを聞きたい。	いいえ	少し	よい	最良
3. 授業ではゲームをやって勉強したい。	いいえ	少し	よい	最良
4. 授業では会話をして勉強したい。	いいえ	少し	よい	最良
5. 絵や映画、ビデオで勉強したい。	いいえ	少し	よい	最良
6. 全て自分のノートに書きたい。	いいえ	少し	よい	最良
7. 自分の教科書が欲しい。	いいえ	少し	よい	最良
8. 先生がすべてを説明して欲しい。	いいえ	少し	よい	最良
9. 先生が課題を与えて欲しい。	いいえ	少し	よい	最良
10. 自分の興味について話せるようにして欲しい。	いいえ	少し	よい	最良
11. 先生は私に私の間違いを全部言って欲しい。	いいえ	少し	よい	最良

12. 自分で自分の間違いを見つけさせて欲しい。	いいえ	少し	よい	最良
13. 私は英語を一人で勉強したい。	いいえ	少し	よい	最良
14. ペアで話して英語を勉強したい。	いいえ	少し	よい	最良
15. 小グループで英語を勉強したい。	いいえ	少し	よい	最良
16. クラス全体で英語を勉強したい。	いいえ	少し	よい	最良
17. クラスで外に出かけ英語を練習したい。	いいえ	少し	よい	最良
18. 私は文法を勉強したい。	いいえ	少し	よい	最良
19. 新しい単語をたくさん学びたい。	いいえ	少し	よい	最良
20. 発音を練習したい。	いいえ	少し	よい	最良
21. 英語の単語は見て覚えたい。	いいえ	少し	よい	最良
22. 英語の単語は聞いて覚えたい。	いいえ	少し	よい	最良
23. 英語の単語は実際に「やる」ことで覚えたい。	いいえ	少し	よい	最良
24. 家では新聞などを読んで勉強したい。	いいえ	少し	よい	最良
25. 家ではテレビの英語放送で勉強したい。	いいえ	少し	よい	最良
26. 家ではカセットを使って勉強したい。	いいえ	少し	よい	最良
27. 家では英語の本で勉強したい。	いいえ	少し	よい	最良
28. 友達に英語で話をして勉強したい。	いいえ	少し	よい	最良
29. オーストラリア人を見たり、聞いたりして勉強したい。	いいえ	少し	よい	最良
30. 店や列車の中で英語を使って勉強したい。	いいえ	少し	よい	最良
31. 英語で何か分からないことがあると誰かに聞く。	いいえ	時々	よくそうする	
32. 難しい英語の場合、全部ではなく、一部分でも聞き取ろうとする。	いいえ	時々	よくそうする	
33. 人が言っていることを理解するために、表情や手の動きなどに注目する。	いいえ	時々	よくそうする	
34. 文章を読んでいてわからない単語があると、その単語のまわりの単語を見て理解しようとする。	いいえ	時々	よくそうする	
35. 授業がなくても、自分の英語を使う方法を見つけようとする。	いいえ	時々	よくそうする	
36. 間違いをすることがあっても英語を使う				

	ことが楽しい。	いいえ 時々 よくそうする
37.	話し始める前に、どんなことを言うか考える。	いいえ 時々 よくそうする
38.	あることをどのように表現したらよいか分からないとき、まず言い方を考えてから話すようにする。	いいえ 時々 よくそうする
39.	英語を話すとき、自分の発音に耳を傾けている。	いいえ 時々 よくそうする
40.	新しい単語を学んだとき、定着するように自分の会話の中でそれを使おうとする。	いいえ 時々 よくそうする
41.	相手が自分の言っていることが分からないとき、別な言い方をしようとする。	いいえ 時々 よくそうする
42.	英語の音声が好きである。	いいえ 時々 よくそうする
43.	自分の英語学習の問題点を知り、それを解決しようとする。	いいえ 時々 よくそうする
44.	どのぐらい英語が上達しているか自問し、もっとうまく身に付ける方法を考えようとする。	いいえ 時々 よくそうする
45.	オーストラリア的な生活法を理解しようとする。	いいえ 時々 よくそうする

(K. Willing (1988), *Learning Styles in Adult Migrant Educaiton*, pp. 106-7, Adelaide, Australia: National Curriculum Resource Center)

アペンディクス5： 教育実習生のための観察ガイドライン

[A. イントロダクション]
1. 教師は多忙な専門職である。授業参観は当該の教員にとっては突然の「割り込み」であって、必ずしも歓迎されるものではない。
2. 教師の授業を参観することは、真剣さが求められることなので、けっしていい加減な気持ちで臨んではいけない。
3. 関係者全員にとって好ましい態度で観察ができるようになるには、時間がかかるし、注意深い配慮、個人的な機微、創造性などが必要である。
4. 教室は教師や生徒のものであり、観察者はそこでは単なる「ゲスト」

である。教室に入ることができるのは、協力的な教師の善意である。
5. ゲストとして訪問の目的は、教師を判断したり、評価したり、批判したり、教師に提言をしたりすることではなく、単に、観察して学ぶことである。

[B. 手順]
1. 訪問者は協力してくれる先生と連絡をとり、クラスについて簡単な情報を得ておく。
2. 授業を参観する訪問者は、予定より数分前に教室に着くようにする。
3. 何か予定外のことが起きて約束した時間に授業を参観することができない場合には、訪問者はできるだけ早く授業をする教師に伝える必要がある。教師に連絡するのは訪問者の責任なのである。
4. 教室にいったん入ったら、教師に指示されたところに座り、できるだけじゃまにならないようにすべきである。
5. もし、生徒が訪問者に直接質問をしてきたら(たとえば、ここで何をしているのですかとか、あなたも先生ですかなどと)、訪問者はできるだけ短く答えるべきである。訪問者は授業の通常の参加者ではないことを念頭に置いておかなければならない。不必要に会話を始めたり、求めたりするべきではない。
6. 訪問者は、感謝の気持ちをもち、礼儀正しくなくてはならない。できるだけ早いうちに、教室を訪問する機会を与えてくれたことに対し教師に感謝の意を表すべきである。
7. 授業中メモを取ったり、他の方法で情報を収集しようとする場合には、できるだけじゃまにならないようにすべきである。訪問者は、自分のデータ収集の方法が原因で教師と生徒が居心地が悪くならないようにすべきである。

[C. 訪問後]
1. 授業の印象については必ず非公開かつ内密のものにしておくべきである。
2. 教師の名前は、他の人々との議論の中でけっして使われることがないことを、教師に説明しておくべきである。公式、非公式を問わず、教師について語るときは、その名前を伏せておくべきである。

3. 授業訪問で得られた記録や情報はどんなものも、その教師が求める場合には、その教師が入手できるようにしなければならない。

(Murphy 1991 の翻案)

アペンディクス6： 相互観察のためのガイドライン

[A. 一般的な原則]
1. **観察は焦点を決めて行う**。何を観察すべきか知っている方が、観察の価値が増す。「ああ、あれは本当によい授業でした」というコメントで終わる観察は、観察する方にとってもされる方にとってもあまり役に立たない。一方、授業中の生徒の授業参加パタンに関する情報を集めるような課題を観察者に与えておくと、観察者は焦点をもった観察ができるし、教師にとっても有用な情報が集まる。
2. **観察者は特定の手順を選んで活用すべきである**。授業は多くの異なる活動が同時並行的に起きる複雑なものなのである。例えば、教師と生徒のインタラクションを観察したいと思うなら、この課題を効果的に行うために様々な手順が利用可能である。
3. **観察者は観察者のままでいなくてはならない**。観察者であるのに授業に参加すると、効果的に授業を観察することができない。

[B. 手順例]
1. **事前オリエンテーションを設定する**。観察を始める前に観察予定の授業の特徴や指導事項、授業法、生徒の特質、指導の典型的なパタン、生徒の参加態度などについて二人の教師が話し合う。
2. **観察の焦点を定める**。例えば、次のようなものが考えられる。
   ・授業の構成： 導入部、中心部構成、終結部
   ・教師の時間管理： 授業における様々な活動への時間配分
   ・課題についての生徒の活動状況： 生徒が課題達成のために活用した方略、手順、インタラクションのパタン
   ・課題達成に要した時間： 課題遂行中に生徒が積極的に取り組んだ程度
   ・教師の質問と生徒の反応： 授業中に教師が発した質問の種類と生徒の反応方法

- ペア・ワーク時における生徒の活動状況：生徒がペア・ワークの課題を完成させた方法、課題に取り組んでいる間に生徒が示した反応、彼らが使用した言語の種類
- 教室におけるインタラクション：授業における教師と生徒、生徒同士のインタラクションのパタン
- グループ活動：グループ活動時における母語と目標言語の使用状況、グループ活動時における生徒の課題遂行時間、グループ活動の力学

3. **観察者が活用する手順を作る**。例えば、次のようなもの。
   - 一定の時間間隔で採取された活動例：観察者は、授業時間中の決められた間隔の時点で示された行動を記録する
   - コード記入帳：観察者は、授業中にある行動が示されたら、授業行動を分類し記号化したものに照らして、その行動の属するカテゴリーをチェックする。
   - 概略記述法：観察者は、授業中に起こった中心的な事柄をまとめ、記述する。
   - 焦点記述法：観察者は、授業中の特別な局面に焦点を当てて記述する。例えば、ある一人の生徒が授業全体を通して発言したことや行ったことを描写することが考えられる。
4. **観察を実行する**。観察者は自分のパートナーの授業を訪れ、両者の間で了解されている手順に従って観察を行う。
5. **観察後の会合を設定する**。二人の教師は授業後なるべく早いうちに会う。観察者は授業中に収集した情報について報告し、授業を行った教師と話し合う。

(Richards and Lockhart 1991–1992, pp. 7–10 に基づく)

アペンディクス7： アクション・リサーチ実施のためのガイドライン

初期省察

アクション・リサーチを始めるには、テーマを決める必要がある。テーマは一般的な問題や必要と感じられている事柄でもよいし、自分が教えているクラスの問題を取り上げてもよい。例えば次のようなものが考えられ

る。
1. 口頭発表をさせようとすると生徒たちはかなり困難を感じているようである。
2. 作文をするとき、既に指導してある自分で書き直しをする方略をほとんど活用しようとしない。
3. 私の文学のクラスの試験における生徒の答えは、ほとんど私の講義メモの写しであって、あまり自分で本を読んだという形跡がない。

　これらの問題をアクション・リサーチの焦点にするためには、それぞれの問題をもう少し具体的なものにし、変更や改善しやすいものにする必要がある。ある特別な行動計画を考え、それを実行することによって自分のもともとの問題点がどのように影響を受けるかを見てみる必要がある。上の課題をもう少し特定化した課題は次のように表現されるだろう。
1. 口頭発表に欠かせない前提条件としての技能を育成するためには、スピーチ指導のカリキュラムにどのような変更を加えればよいか。
2. 作文におけるより良い書き直し方略を生徒に身に付けさせるような指導方法はあるだろうか。
3. 試験問題をどう改善すれば、読書を奨励できるか。

　一般的な問題点をアクション・リサーチのテーマに転換するためには、普通、予備的な観察や批判的な省察が必要である。悩みだけでは、処方箋は出てこない。教育問題はそれほど単純なものではない。あなたが行う変更は、次の3つのカテゴリーに分けられる。

　シラバスやカリキュラムの変更
　指導技術や指導法の修正
　評価の在り方の変更

　アクション・リサーチをすることは、変化を促進することである。変化の影響を報告するためには、変化の前と後の状況を記録する必要がある。あなたの問題点を浮き彫りにしたのはどのような観察結果であったのか。そして、現在の実践はどうなっているのか。現在の状況はどうなっているのか。変化が起こる前と後にいくつかの方法を活用して観察することで、変化の影響を調べることができる。

計画

　計画段階での一番重要な成果は、自分が行おうとしている行動や自分が

生み出そうとしている変化の詳細なプランを得ることである。誰がどんなことを、いつまでにやるのか。カリキュラムにどんな変更を加えるのか。改良した指導方法をどのように実践するのか。プランが現実的であるかどうか、他の人はどのように反応するか、を知るように努めなさい。また、観察プランや変化をモニターするための計画を立てる必要がある。いずれ活用することになるアンケートなどの情報収集のための手段の準備をしなさい。

アクション
　計画を実行する際、物事はめったに予想どおりに進行することはない。実際の経験やフィードバックに照らして当初の計画からわずかに逸脱をせざるをえないことになっても、それを恐れてはいけない。計画からずれたところを全て、そしてその逸脱を選んだ理由も記録しておくように。

観察
　詳細に観察し、モニターし、記録しておくと、自分の発見を他の人に伝えることができるようになる。アクション・リサーチにかかわっている者は、詳細な日記や日誌を残しておくべきである。

省察
　アクション・サイクルの最終段階で、今までの経過について批判的に省察すべきである。変化は効果的であったか。何を学んだか。変化を妨げるものは何であったか。自分が考えている変化をどのようにより良いものにすることができるか。最後の二つの問いかけの答えは普通新たなアクション・サイクルにつながっていくものである。

(Kember and Kelly 1992 の翻案)

第 2 章　教師の信条を探る

　教えるということは、いくつかの異なった方法で概念化することが可能な複雑なプロセスである。伝統的には、言語教育は、教師がどんなことを行うのかという視点で描写されてきた。それは、つまり、教師が教室で行う動作や活動や、これらが生徒に及ぼす影響という視点である。教師はどんなクラスを担当していても、通常、次のような仕事を抱えている。

　学習活動を選択する
　生徒が新しい学習に対応できるようにする
　学習活動を提供する
　質問をする
　ドリルを行う
　生徒の理解をチェックする
　新出事項の練習をする機会を提供する
　生徒の学習をモニターする
　生徒の学習についてフィードバックを提供する
　必要に応じて復習したり、再指導を行う

　教師が以上のような次元の指導をどのように行うかを理解するためには、授業における教師の行動の根拠をなす考え方や思考過程を調べることが必要になる。指導についての考え方は、認知、感情、そして行動レベルの局面と関係している (Clark and Peterson 1986; Lynch 1989)。そして、それは、教師の行為が教師の考え方や信条を反映したものであり、教師の知識や教師の「思考」が授業における教師の行動を導く基本的な枠組みやスキーマを提供しているという仮説に立っているのである。（第 4 章を参照）

　　指導と学習を、教師の思考という観点から眺めることは、教え方のうまい教師を探そうとしているのではない。むしろ、ありのままの教師の

指導過程を説明したり理解することなのである。結局のところ、教室で起こることの大部分を決定するのは、教師のもつ学校に関する主観的な知識なのである。もちろん、教師がそのような自分の知識を言葉で言い表せるかどうかは問題ではない。指導と学習という複雑な状況を少数の処理可能な研究のための変数に矮小化せず、教師が複雑さにどのように対処するかを見出そうとすることなのである。

(Halkes and Olson 1984: 1)

この章では、教師の信条システムの本質を検討する。

教師の信条のみなもと

教師の信条システムは、指導の内容や過程などに関して教師が抱いている目標、価値、信条や、これらが作用するシステム及びそれぞれの役割の理解に、基礎を置いている。これらの信条や価値は、教師が意思決定をするときや行動をする際に、そのバックグラウンドとして機能しており、「指導の文化」と呼ばれるものを構成している。

指導の文化は、教師が共有している仕事に関する信条や知識、例えば、勤務中の適切な行動の在り方、指導から得られる生き甲斐感、教師の仕事遂行を可能にする知識などに、具現化されている。

(Feiman-Nemser and Floden 1986: 508)

教師の思考を研究するということは次のような問いに対応しようとしていることである。

・教師は指導と学習に関してどんなことを信じているか。
・その知識はどのように組織化されているか。
・教師の信条のみなもとは何か。
・教師の信条はその指導にどのように影響しているか。

教師の信条システムは、長期間にわたってゆっくりと形成され、主観的な次元と客観的な次元との両方から構成されている。中には、例えば、文法の間違いは即座に訂正すべきであるという意見のように、かなり単純なものもある。また、例えば、競争より協力を取り入れた学習の方がより効果的であるという考え方などのように、もっと複雑なものもある。教師の

信条システムの研究によると、これらのシステムはつぎのような様々なみなもとから由来しているということである (Kindsvatter, Willen, and Ishler 1988)。

1. **言語学習者としての自らの経験**　全ての教師はかつて生徒だった。指導についての彼らの信条は往々にしていかに自分たちが教わったかということの反映なのである。例えば、ある教師が次のように報告している。「自分が生徒で、新しい語彙を学びたかったときのことを覚えている。私には単語を書いて覚えるのがいつも役に立った」。ローティ (Lortie 1975) はこれを「観察の見習い期間」と言っている。ケネディ (Kennedy 1990: 4) は、アメリカ合衆国国立教員養成研究センターへの報告書で、この「見習い期間」を次のように描写している：

> 学士の称号を得る頃までに、我々は3060日以上もの間、教師を観察し、教師の仕事に参画している。それに比べて、(修士レベルの)教員準備プログラムでは普通 (約) 75日の教室経験を求めているだけである。この75日間だけで、それに先行する3060日の間に身に付けた慣習を改めることができるような、どんなことが起きるというのだろうか。

2. **うまくいった経験**　多くの教師にとって経験こそ、指導に関する信条の主要なみなもとである。教師は、指導方略にはうまくいくものとうまくいかないものがあることを知る。例えば、ある教師は「クラス全体で答えをチェックする活動をする場合、まず生徒同士で自分の答えをチェックさせる機会を与えると生徒の反応がよくなる」とコメントしている。

3. **確立した習慣**　ある学校やその他の教育機関、学区域では特定の指導スタイルや習慣が好まれている。ある高等学校の教師は、「我々の学校では、小グループによる活動が多く行われている。できる限り、教室の前に立って授業するということを避けるようにしている」と報告している。

4. **個人的な要因**　それぞれの教師は、特定の指導パタンや手順、活動について好みをもっているが、それはそれらが彼らの個性に合っているからである。例えば、ある外向的な教師は「私は会話のクラスでドラマをたくさん取り入れることが好きです。なぜなら、自分自身が社交的な性格だから、そのような教え方が自分には合うんです」と報告している。

5. **教育学や研究に基づいた原理**　教師は、学習理論の理解を心理学や第2言語習得理論、教育学に求め、それを教室に応用することがある。例

えば、私立の語学学校のある教師は「私は、最近、共同学習についての研修コースを受けました。共同学習はすばらしいものだと思うし、自分の授業でも活用しようとしている」と報告している。同じ学校の別な教師は、「第2言語習得研究によれば、言語教育におけるタスク中心指導法は理にかなっていると思う」と述べている。

6. **指導法やアプローチから得られた原理**　教師は特定の指導法やアプローチの有効性を信じ、教室でそれをいつも実行しようとしているかもしれない。例えば、ある教師は「私はコミュニカティブ言語教授法がすばらしいと思うので、私が教えるどのクラスでも言語のコミュニケーション的な活用に焦点を当てています」と述べている。また、他の教師は、「私は、作文の指導にプロセス法を用い、生徒が作文をする際、教師からのフィードバックより、生徒同士のフィードバックを多く活用しています」と報告している。

　この章のこれ以降において、言語や学習、指導、カリキュラム、教師の仕事などに関する教師の信条と、これらの信条と教師の授業における実践との関連を検証することにする。

〈ディスカッション〉
1. あなたはどの外国語を勉強したり、学習しましたか。どの程度成功しましたか。言語学習者としてのあなたの経験は、言語学習や言語指導についてのあなたの信条にどのような影響を与えましたか。
2. あなたの個性は、あなたの教え方にどのように影響していますか。あなたの指導の仕方に最も重要な影響を与えるものは何ですか。
3. 生徒は英語や英語話者に対してステレオタイプな見解をもっています。あなたが教えたり、よく知っている学習者もこれは当てはまるでしょうか。そのような見解はどのようなものでしょう。そしてそれらはどこから生じているのでしょうか。

英語についての信条

　英語という言語は人それぞれに違った意味をもつ。ある人々には英文学

の言語であり、別な人々にとっては、英語圏の言語である。中には、植民地主義の言語と結びつける人もいる。また、英語を単にビジネスをしたり、金儲けをするための手段と見る人もいる。人々がもっている英語観は、いや、どの言語についての言語観であっても、その言語やその言語を話す人々とそれまでに経験した触れ合いに影響されているのである。英語、また他に教えている言語の場合、これらの言語との触れ合い方は人によって際だって異なる。したがって、英語について教師がもっている隠れた信条やその信条が英語を指導することに対する態度にどのように影響しているかを調べてみることは、ためになる。そのような信条は、次のような質問を考察することで明らかになる。

- なぜ英語は重要な言語だと思うか。
- 英語は他の言語より学ぶのが難しいと思うか。
- 英語を学習する際、何が最も困難なことだと思うか。
- 英語のどの方言が学習対象になるべきだと思うか（例えば、イギリス英語かアメリカ英語、または他の英語か）。
- 英語の母語話者と同じような発音で英語を話すことが大切だと思うか。
- 自分が知っている他の言語と比べて英語にはどんな響きがあるか。
- 学習者は英語に対してどのような態度をもっていると考えるか。
- 英語には他の言語と区別されるような特徴があると思うか。

英語に対する教師の信条は、ときに、ステレオタイプ的な印象を表していることがあるが、それにもかかわらず、授業の実践に影響を与えるような現実を表している。香港の英語教師のもつ信条の研究 (Richards, Tung, and Ng 1991) において、中国語を第1言語とする英語教師は、英語は中国語より語彙が多いとも、コミュニケーション上柔軟であるとも思わないが、英語には中国語より多くの文法規則があると感じている。ハーツェル (Hartzell 1988) は台湾の中国人が抱く英語観についてコメントし、中国人の学習者にとって英語は非論理的な言語であるという印象があると観察している。彼は次のような例をあげている (p. 380)。

- デパートの中の「ボックス・オフィス」[訳注: 英語の box office は映画や劇の切符を売るところを意味する]と書いてある大きな看板に気

付いたある中国人が、買物をし終わって、この売場の担当の女性が「売り物の箱はないし、今後もない」と言ったので非常にびっくりした。
- オフィスの柱時計が停電のために止まった。しばらくして、経営者が中国人の雇い人に「今何時?」と訪ねた。すると、その従業員は自分の腕時計を見て、"It's eleven o'watch." [下線は訳者] と答えた。従業員は、この表現が正しくない文法だと言われて驚いた。

〈ディスカッション〉
1. この節にある質問をパートナーか同僚と話し合いなさい。二人の答えはどの程度似ていますか、異なっていますか。
2. 英語に関する教師の信条についての質問のリストに他の質問を加えることができますか。
3. この節で議論した香港の先生方は、英語が中国語よりもっと多くの文法規則をもっていると感じました。このことは、教師の教室実践にどのような影響を与えたでしょうか。

学習についての信条

　学習者と教師がはじめて会うとき、両者とも、学習過程一般についてだけでなく、ある特定のコースでは何をどのように学習することができるかについても、それぞれ異なった期待を持ち寄ることになる。
(Brindley 1984: 95)

　上のブリンドレーの所見は、教師も学習者も教室に今までの経験を持ち込み、それが微妙にそれぞれの認識に影響を与えるということに注目したものである。学習について教師がもっている信条は、自分たちの訓練、指導経験、さらには、自分たちが学習者として経験したことにまでさかのぼることもあるのである (Freeman 1922a)。それらの信条は、次のような質問に対する答えに相当するものである。

- 学習をどう定義するか。

- 言語を学習する最善の方法とは何か。
- 言語にどのように触れると学習が促進されるか。
- どのような生徒が授業で一番活躍するか。
- 学習者がとる学習スタイルや方略でどのようなものを勧めるか。
- 学習者がとる学習スタイルや方略でどのようなものをやめさせようとするか。
- 生徒は授業でどんな役割を果たすことが期待されているか。

　ブリンドレー（Brindley 1984）は、現代の多くの言語教授法の底辺に流れている学習者中心的な学習観を好む教師なら、自分たちの考えをたぶん次のような言葉で描写するのではないかと指摘している。

- 学習とは、経験を通して、体系的な原理を獲得することにある。
- 教師は、学習者が取り扱う言語入力データを提供する情報提供者である。
- 言語データはどこにでもある。教科書だけでなく、社会にもメディアにもある。
- アクティブ・リスニング、ロール・プレイ、母語話者とのやりとりなどの活動を通して言語データに触れさせることにより、学習者を自立的にするのを援助することが教師の役割である。
- 学習者にとって、言語の学習とは、自分たちが触れる言語入力データについて仮説をたて、その仮説を絶えず目標とするモデルに向けて修正することである。　　　　　　　　　　　　　　　　　　　（p. 97）

　しかし、学習者は、学習についての自分の考えを教師とは全く違う言葉で表現する可能性がある。例えば、次のような、教師が生徒の積極的な参加を促し、学習者にほとんど直接的な指示やフィードバックを与えないようなコミュニケーション中心の英語の授業について学習者がしたコメントにそれが現れている。

　学習計画表があるといい。そうすれば、学習課題がわかる。先生なんだから、自分の仕事をきちんとやって欲しい。
　このコースにはシステムがない。単なるこまごまとした作業だけです。
　文法なしでは、言葉は学べない。
　手をたたいたり歌を歌ったりはいやだ。英語を勉強したい。

家に持ち帰って勉強できるものが欲しい。話すのはたくさんやるけれど、書くことはやらない。
英語をきちんと勉強するには先生が必要だ。自分一人では勉強できない。誰も間違いを直してくれないからだ。　　　(Brindley 1984: 96)

以上のような学習者がもっている学習に関する仮説は次のようなものであるかもしれない。

- 学習とは、ひとまとまりの知識を獲得することである。
- 教師はこの知識をもっているが、生徒はもっていない。
- 説明したり、書いたり、例示したりするような活動で学習者にこのような知識を分け与えるのが教師の役目である。学習者は事前に学習計画を受け取るものである。
- 言語の学習は、暗記したり読んだり書いたりするような活動を通して言語構造の規則や語彙を身に付けることから成り立っている。

(Brindley 1984: 97)

このように、教師と学習者ではそれぞれがもつ信条に違いがあるので、教師が教室で行う授業実践の基盤となっている考え方を生徒に明示したり、授業実践を生徒の期待に一層沿うように適合させることがますます重要となる。そのようなことをしなければ、教師と生徒の両方に誤解と不信感を生むという結果を招きかねない。

〈ディスカッション〉
1. この節の始めに掲げた質問から3つを選び、パートナーや同僚と話し合いなさい。それらの質問に対する答えにおいて、お互いに大きな違いがありますか。もしあるのなら、それらの違いをどう説明しますか。
2. あなたがよく知っている(ある国全体とか、ある学区とかの)地域を選びなさい。その地域の教師に共通する学習についての考え方はどんなものでしょうか。それが彼らの授業実践にどのような影響を及ぼしていますか。

指導についての信条

　指導は非常に個人的な活動であり、個々の教師は、何が効果的な指導であるかについてそれぞれ異なった信条や考え方をもって指導に当たっている。このことは、次のような、英語を外国語として教えている国の中等学校で、二人の教師が授業をしている描写を比較してみるとわかる。

　　A教師は、8年の指導経験がある女性教師である。静かで穏やかな話し方をする教師で、生徒に礼儀正しく、優しい。生徒は成績が良く、授業中もいつも静かで集中している。一人ずつ列になって座っている。教師が教室に入ってくると、生徒は起立し、あいさつをする。発言したいときは挙手をし、教師の質問に答えるときは、立ち上がる。A教師は教科書に忠実に沿いながら授業をする。指導においては、教師中心的である。なぜなら、彼女は、教室は生徒が学びにくる場所だと信じているからである。

　　B教師は、3年の指導経験がある。彼のクラスの生徒はA教師のクラスの生徒ほど成績は良くないが、一生懸命勉強し熱心である。教師は生徒と良好な関係をもっているが、授業の構造はあまり伝統的なものではない。教師が教室に入ってきても生徒は起立する必要はないし、質問をするのに挙手することも、質問に答えるときに立ち上がる必要もない。教室の雰囲気はリラックスしたものである。自分から質問に答えたいと思うときは、そうすることもできるので、授業はひんぱんに大変うるさくなる。教師は自作の教材を活用し、いわゆる「与えられた教科書」については批判的である。

　上の描写から、この二人の教師が、指導に関してかなり異なった理論をもっていることが分かる。インタビューの結果、次の質問に対してかなり異なった答えをもっていることが分かった。

・教室における自分の役割をどのように考えているか。また、どうしたらこれが授業参観者には明瞭なものとなるか。
・教室でどんな指導法を実行しようとしているか。
・どんな教材を活用しているか。

・効果的な指導をどのように定義するか。
・教室における生徒集団の扱い方にはどのような方法をもっているか。
・良い教師の特質とは何か。

　両方の教師とも、それぞれかなり異なった方法で指導を行っているが、自分の授業は標準的なもので効果的だと考えている。それぞれの教室における実践は、指導についてのそれぞれの考え方に密接に関連していた。
　リチャーズら (Richards et al. 1991) は、教師の信条についての研究で、香港の英語教師たちが、教室における自分たちの主な役割は次のようなものであると信じていることを探り出した。それらは、(1) 役に立つ学習経験を提供する、(2) 正しい言語使用のモデルを示す、(3) 学習者の質問に答える、(4) 学習者の間違いを訂正する、である。そして、英語教師としての自分たちの主要な役割は、(1) 生徒が効果的な学習方法を見つけるのを助けること、(2) 生徒に自分たちの知識や技能を伝えること、(3) 生徒のニーズに合うよう指導方法を変えること、であるとしている。自分のクラスで一番よくやったと思われる生徒は、(1) 高い動機付けがなされている生徒、(2) 行動的でよく発言した生徒、(3) 間違いをすることを恐れない生徒、(4) 教師の援助がなくとも一人で勉強できる生徒、であった。
　ジョンソン (Johnson 1992a) は、第2言語としての英語を指導する30名の教師に、第2言語を指導することについてどのような信条をもっているか、調査をした。そして、3つの異なる方法があることがわかった。それらは、技能を中心にした方法(聞くこと、話すこと、読むこと、書くことのそれぞれ別個の技能に焦点を置いたもの)、規則を中心にした方法(文法の規則や言語システムについての意識的な理解に重点を置いたもの)、機能を中心にした方法(相互コミュニケーションや共同学習、現実の社会的な場面で機能する能力などに焦点を置いたもの)である。ジョンソンは次のことを解明している。

　　主要な理論的信条を異にする ESL 教師は、英語の非母語話者のために、驚くほど異なった識字指導を行っている。研究によって、概して言えば、ESL 教師は自分たちの理論的信条に従って教えていること、そして理論的信条における違いは識字指導の特質における違いを生むことが分かってきている。

〈ディスカッション〉
1. この節に掲げた質問をパートナーと話し合いなさい。指導についての信条はお互いにどの程度似通っていますか、または、異なっていますか。
2. A教師とB教師の授業の説明をもう一度読みなさい。自分の授業や自分が今観察している授業は、これらのいずれかと似ていますか。教師と生徒のインタラクションについてのあなたの信条は、教室で行われることに影響を及ぼしますか。

プログラムやカリキュラムについての信条

どんな言語指導プログラムであっても、個々の教師の集団的な判断や信条だけでなく、そのプログラムを提供する機関のもつ文化を反映している(例えば、その機関で高く評価される特定の思考方法とか活動方法がある)。プログラムの中には、オーストラリア移民教育プログラムのように、明確な哲学をもっているものもある。このプログラムは、カリキュラムに関する次のような信条を実行しようとしていると説明されている。

　地方分権化したカリキュラム開発
　ニーズに応じたカリキュラム
　多様な指導法
　学習者中心の教室
　自律的な学習
　オーセンティックな教材
　多文化主義　　　　　　　　　　　(Butler and Barlett 1986)

教師自身も自分がかかわっているプログラムについて、次の発言のように、特定の信条をもっている。

　私たちの学校では文法中心的であったが、5年前に大きくコミュニカティブになった。
　ライティングのクラスでは、プロセス中心の指導法を実践することに打

ち込んでいる。

我々のディレクターは、学習者に自律性と選択権をもたせることが良いと考えている。生徒は、教師と相談の上、自分で自分のプログラムを設計する。

研修プログラムや学校の中で、授業計画や、目標の働き、評価などについて教師が抱いている見解によっては、全く違った授業実践につながることがある。教師の中には、市販の教科書をかなり多用し、教科書に即して教え、教科書に基づいて指導上の多くの決定をする人がいる。他の教師は、教科書は自分たちの創造性の障害になると見なし、オーセンティックな教材や教師自作の教材をより多く活用している。市販されているリーディング用教材の調査(Shannon 1987)によると、リーディングを指導している教師は、市販教材でリーディングが指導できると思っていることが分かっている。彼らは、そのような教材は科学的な原理と最新の指導実践とを一体化したものであると信じているのである。その結果、教材に過度に依存してしまい、自分たちの指導技能を退化させてしまうのである。つまり、指導プログラムに取り入れるものが、教材提示法、時間配分、練習活動の組み合わせなどについての決定事項にしだいに限定されてしまうのである。

教師は、自分が参画しているプログラムの問題点について特定の考えをもっていて、それを新しくプログラムに参加する教師に伝えることがある。例えば、ある機関の教師は、そこで実施されるプログラムの大きな問題は次のようなものであると述べている。

個々の教師がそれぞれ孤立して仕事をする傾向がある。
教師はプログラムの全体的な哲学について十分に理解していない。
生徒を一番ふさわしいクラスに入れるための適切な方法がない。
教師の会合がなさ過ぎる。
使わなくてはならない評価方法は、私たちが実践しようとしているコミュニカティブ・アプローチにマッチしていない。

したがって、教師が参画しているプログラムについて、どんな信条を抱いているかという問いには、次のようなものも含まれるのである。

・効果的な言語指導プログラムにおける一番重要な要素は何だと考える

- 言語プログラムにおける教科書と教材の役割はどうあるべきだと思うか。
- 指導目標はどの程度指導する際に役に立つと思うか。
- 何を教えるかをどうやって決めるか。
- あなたの指導は生徒のニーズにどの程度基づいたものか。
- 言語プログラムにおける評価についてあなたはどんな態度をもっているか。
- 自分のプログラムがどのように変化するのを望むか。

〈ディスカッション〉
1. 上の質問に対するあなたの答えとパートナーまたは同僚の答えとを比較しなさい。その答えはどのぐらい似ていますか。教えているクラスがなければ、よく知っているプログラムについてこれらの質問に答えなさい。
2. リストアップされた質問(そのうちの1個または2個でよい)についての答えをよく考えてみなさい。それらの答えは時間を経る過程で変化しましたか。変化したとするとその原因は何ですか。
3. 同じ言語プログラムで教えている二人の教師にインタビューをして、これらの質問または似たような一連の質問をしてみなさい。彼らの答えはお互いにかなり違っていますか。その答えは彼らの教室での授業に影響を与えていますか。

専門職としての語学指導についての信条

　専門性は、語学教師及び言語指導団体にとって、繰り返し論じられる課題である (Pennington 1991)。言語指導は、特別な技術や訓練が求められるとか、生涯をかけるべき価値ある職業選択であるとか、さらに、高度な職業的充足感を与えるものであるなどの観点において、必ずしも専門職とは見なされてはいない。個々の教師が自分の仕事にどの程度の専門性を意識するかは、それぞれの仕事環境や、個人的な目的や態度、そして、彼ら

が住むコミュニティにおいて語学教師がもつことができる職業上の将来性などによって異なる。リチャーズら (Richards et al. 1991) の調査において、英語教師たちは、言語教育が専門職であること、そして、言語教育にたずさわる教師は専門家であるという自分たちの信条を報告している。また、彼らは進んで専門的な責任を取ろうとしていること、自分たちの指導の管理運営ができ、生徒の学習成果を改善できると報告している。彼らは、自分たちが指導する言語について共通の見解をもち、その言語が自分たちの社会において教育上、職業上、ビジネス交渉上にもつ価値や重要性を指摘している。

コンネル (Connell 1985) は、様々な教育環境にいるオーストラリアの教師のケーススタディを示し、専門性に関してかなり相異なった反応に注目している。

> アンガスは自分を伝統の守り手と見ている。しかし、同時に彼は自分を専門家とも見ており、教職は専門職であるべきであるという明確な見解をもっている。一般の人からの十分な認知がないことをひどく怒り、「教えることは、非常に軽蔑され見捨てられた職業だと思う」と言い、その原因として、私立学校の無責任な教師と、州の教員組合の活動を非難している。(p. 41)

教えることを全く専門職だとは考えていない別の教師もいる。

> 彼らは、教えることは天職などというものでなく単なる職業であり、一定の決められた時間と感情的なかかわりあいをもつ程度でよいと考えている。そう考えても、他の教師との強い連帯感を感じないわけでもないし、教員組合の忠実な支持者であることをさまたげるわけでもない。このような教職観においては、教えることは、学問的な専門職というより、熟練した技術者というイメージである。(p. 176)

バートレット (Bartlett 1987) は、教えることにおける専門性を高めるためのカギは、教師に自分の授業実践を理解するためのよりよい手段を与えることに中心を置くことであるとしている。

> 私たちは、教師を専門家にするための最善の方法、最善の専門家養成のための実践を考えるべきである。教員が自分の実践を探求することを

援助する最善の方法を見つける必要がある。その実践とは、個々の教師が教室の壁に囲まれた空間の中で考えたことと実際に振る舞ったこととの間の関係を探求することであり、また、教師が教室で行うことと、それがどのように社会における価値や考え方を再生したり、変化させたりするかの間の関係を探求することである。(p. 148)

ルイス (Lewis 1989) は、語学教師が専門性を主張するなら、説明責任 (accountability) にもっと注意を払う必要があると主張している。

第2言語としての英語の教師は、自分のクライアントに対してだけでなく、納税者に対しても説明責任を負っている。したがって、生徒の達成度を組織的に証明するものや、クライアントたちのニーズに合った合理的で一貫したカリキュラム設計を用意することで、自分たちが主張する専門性や有効性を立証できることが重要である。(p. 63)

教師の専門性に関する信条は、次のような質問を通して探求することができる。

・英語(または他の言語)の指導を職業としてどのようにみなしているか。
・言語指導という職業においてどのような変化が必要だと考えているか。
・語学教師はどのような訓練が必要だと思うか。
・どのような専門的訓練活動が指導の助けとなると思うか。
・あなたの関係する学校では専門性向上のためのどのようなサポートが得られるか。
・教えることにおいて一番やりがいのあることは何か。
・語学教師は、その仕事にたずさわっている間ずっと評価対象になるべきだと考えるか。もしそうであるならば、そのような評価はどのような形であるべきか。

〈ディスカッション〉
1. 上の質問を同僚と話し合いなさい。
2. あなたが参加している、または、よく知っているプログラムは、専

> 門家としての教師という考え方をどの程度支持していますか。
> 3. ある言語プログラムのある側面について教師の信条(例えば、最善の指導法とか、プログラムの構造や運営についての彼らの見解など)を調査するアンケートを開発するように求められたとすると、どんな質問項目を含めますか。

発展活動

▶日誌活動

1. 現在の自分の指導の仕方について、または、将来このように教えたいと考えている方法について考えを述べなさい。同僚にはどう述べるだろうか。次に pp. 32-4 の「教師の信条のみなもと」を読み直して、自分の信条システムに影響を及ぼした主要な要因を述べなさい。
2. 授業中、次のような状況に遭遇したとしたらどのように対処しますか。また、信条システムのどのような面が、そのような反応をするのに影響を及ぼしましたか。
    a. ペア・ワークでのタスクを行う際、生徒たちは母語ばかりを使ってしまう。
    b. 授業中、クラスの後ろの方にいる生徒がほとんど関心を示さない。

▶授業記録

1. アペンディクス 1 はパク (Pak 1986) が開発した自己報告書である。授業中の生徒同士のインタラクションをチェックするためのものである。別々の機会に 4 から 5 回ほどの授業をしたあと、この報告書(または少し改訂したもの)を完成しなさい。あなたの授業では生徒同士のインタラクションで何か特定のパタンが見つかるだろうか。このパタンは、授業における生徒の役割に関するあなたの信条を反映しているだろうか。
2. もしあなたが文法を教えているのなら、いくつかの授業について、第 1 章のアペンディクス 3 の自己報告書を完成しなさい。あなたの自己報告書にある情報を使って、あなたの文法指導法について日誌を書きなさい。

▶調査活動

　ESL 教師に対して、アペンディクス 2 と 3 の信条調査を実施しなさい。アペンディクス 2 の調査は、指導についての教師の考え方や、教師が技能中心アプローチ (質問 4, 6, 10, 12, 14)、文法規則中心のアプローチ (質問 1, 3, 5, 8, 11)、機能中心のアプローチ (質問 2, 7, 9, 13, 15)、のどれを取っているのかを特定するのを助けるように作成されたものである。

　アペンディクス 3 の調査は、言語指導に関する教師の信条を特定するためのものである。これを教師たちを対象にして実施し、彼らの反応がどの程度似ているかを調査しなさい。これらの教師の信条が授業実践にどう移し換えられていると考えられるだろうか。(これは、第 3 章の学習者の信条項目を応用したものである。)

▶授業参観

1. a. 教師にインタビューを行い、授業で活用している指導法について尋ねなさい。個々の教師の指導観やアプローチ観を特徴付けている指導や学習についての中心的な考え方がどんなものであるか確認しなさい。
   b. 教師の授業を 1 回以上参観し、個々の教師がこの章のはじめに掲げた課題をどのようにこなしているか(その方法こそ、教師の信条システムを映し出しているのであるが)を明らかにしなさい。

▶相互観察

　同僚に、自分の授業をいくつか参観してもらい、次の各点について気付いた点をメモしてくれるように頼みなさい。
   a. 私の指導法をどう思うか。
   b. 授業における私の役割についてどう思うか。
   c. 私の授業において、生徒はどのような役割を果たしているか。

　授業終了後、同僚がまとめた情報を調べてみなさい。それは、教師としてのあなたに関する自分自身の見解とどの程度合致していますか。

> アペンディクス 1： 生徒同士のインタラクションについての
> 自己報告

生徒同士のインタラクション
1. (a) 生徒はどのように積極的に授業に参加していたか。
     - ロール・プレイ（全員参加） ☐
     - 予測練習 ☐
     - 情報の収集と報告 ☐
     - 討論 ☐
     - その他 ☐

   (b) 生徒が言語を使い、それを拡大する機会を与えるための方法を他に提案できるか。

2. (a) 生徒がお互いにコミュニケーションする目的は何だったか。
       （例：週末の経験をお互いに話し合うため）

   (b) 意味あるコミュニケーションのためには、コミュニケーションをする理由が不可欠だということが理解できるか。

3. (a) 生徒に対して次のようなことをしているか。
     - まず母語を使って反応を引き出し、それに言葉を与える ☐
       そして
     - 正しい言い方について意見を交わす ☐

   (b) 以上の方法で、生徒の参加を促すことができることが分かるか。

4. (a) 話し合いの話題にどの程度興味を抱いているかを調べるのにどのような技法を使っているか。

   (b) この目的のために、ソシオグラムのような考え方を活用できないだろうか。つまり、教室に仮想の線を引くのである。

   0%　　　　　　　　　　　　　　　　　　　　　　　　　100%
   ───
   　　　　25%　　　　　　　50%　　　　　　　75%

   ・次に話題を教師がすばやく告げ、生徒はその話題(例: サッカー / 妊娠中絶 / 労働党)についての興味や感情の度合いに応じて、この線の上の適当なところに自発的に行くのである。

   (c) 興味の度合いをチェックするための他の方法を提言できるだろうか。

5. (a) 生徒間に一体感を生むために何をしたか。
   「相手を知る」ための雰囲気ほぐし活動　　　　□
   教師のモデル/例の提示　　　　　　　　　　　□
   お互いに話し合って経験の共有化を勧める　　　□
   心地よい環境(絵画、花、ラジオなど)　　　　　□
   その他　　　　　　　　　　　　　　　　　　　□

   (b) 生徒の中に思いやりのある協力的な感情を醸成する他の方法が提案できるか。

6. (a) 生徒はお互いの弱点や間違いを気付いていたか。それは、どうして分かるか。

(b) 生徒同士で協力して間違いの訂正をさせることを勧めることで、上の気付きを増大させることができたか。

7. (a) 机の並べ方はどうだったか
　　　　列　　　　　　　　　□
　　　　U 型の配列　　　　　□
　　　　グループ別　　　　　□
　　　　その他　　　　　　　□

(b) この配置を決めたのは誰か。その理由は何か。

(c) これ以外の配置が生徒同士のインタラクションを増大させると思うか。

(d) 授業中の異なる場面では机の配置を変えると効果的だったか。

8. (a) 生徒はどのように活動したか。
　　　　各自一人一人で　　　　　　　　　　　　　　□
　　　　ペアで　　　　　　　　　　　　　　　　　　□
　　　　グループで　　　　　　　　　　　　　　　　□
　　　　クラス全体で　　　　　　　　　　　　　　　□
　　　　クラスの外で(コミューニティ活動、自習センター)　□

(b) 上の活動形式のうちどれが最も生徒同士のインタラクションを生み出したか。

(c) 何か他の活動形式でもっとインタラクションの機会を増やす

ものはあり得るか。

9. （a） クラスの全ての生徒がお互いとの話に加わったか、それとも教師とだけ話したか。どのようにそれを知ったか。

   （b） 生徒の参加状態を分析する方法を何か提言できるか。例えば、テープの録音を活用して、次のような項目に焦点を当てることも考えられる。
   ・生徒の発言の長さ
   ・生徒の発言の頻度
   ・どの生徒が発言したか
   ・その発言の言語としての複雑性
   ・どんな反応がなされたか、どのような発言に対する反応か
   ・その他

(J. Pak, 1986, *Find Out How You Teach*, pp. 69-72, Adelaide, Australia: National Curriculum Resource Centre)

アペンディクス 2： 教師の信条リスト——ESL 指導へのアプローチ

課題： 次の 15 の文章を読みなさい。そして、第 2 言語としての英語はどう身に付くか、第 2 言語としての英語をどのように教えるべきかについてのあなたの信条を反映していると思われるものを 5 個選びなさい。

1. 言語は一つの文法体系であり、学習者はそれを意識的に学習し、コントロールするものと考えることができる。
2. ESL の生徒が、自分の発言の意味を理解しているのなら、その言語を実際に身に付けていることになる。
3. ESL の生徒が、話しながら間違いをする場合、その間違いを訂正

し、あとで短時間の授業をして、なぜそのような間違いをしたかを説明することは役に立つことである。
4. 母語話者が使う言葉を聞き、練習し、記憶すれば、ESL の生徒はその言語を実際に身に付けることになる。
5. 一般的に、ESL の生徒が英語を流暢に話せるようになるには、英語の文法の規則を理解する必要がある。
6. ESL の生徒が、話しながら間違いをする場合、そのような難点を生む言語パタンについての口頭練習を十分に行うことは役に立つ。
7. 言語は意味をともなったコミュニケーションと考えられ、学校での意識的な勉強ではなく、社会で無意識のうちに身に付けるものである。
8. もし ESL の生徒が英語の基本的な文法規則をある程度理解すれば、ふつう、自分で多くの文を創り出すことができる。
9. ふつう、ESL の生徒にとって、どう言うかより何を言うかに焦点を当てることが大切である。
10. もし ESL の生徒が母語話者の言語パタンを練習すれば、その練習した言語パタンに則って新しい文を作り出すことができる。
11. 英語の授業においては、文法構造をはっきりと繰り返し正確に示すことが重要である。
12. 言語は、母語話者の言語パタンについて、たくさんのドリルや練習を通して習得する行動の体系であると言える。
13. ESL の生徒が話しながら間違いをする場合、何を話そうとしているかが分かるならば、その間違いを無視する方がよい。
14. ESL の生徒は、ふつう、読むことや書くことを始める前に、聞くことや話すことにかかわる基礎的な技能を習得する必要がある。
15. ESL の生徒に英語の話し方を教える必要は実際にはない。なぜなら自然と自分から話し始めるからである。

(K. Johnson, 1992, "The relationship between teachers' beliefs and practices during literacy instruction for non-native speakers of English," *Journal of Reading Behavior 24: 83–108*)

アペンディクス3: 教師の信条リスト──言語学習についての信条

　言語学習に関する次の文章を読みなさい。それぞれの文章に対して、賛成か反対かを述べなさい（1は強く賛成、2は賛成、3はどちらでもない、4は反対、5は強く反対）。ただし、22と23については、自分の答えに○を付けなさい。

1. 外国語を身に付けるのは、大人より子どもの方が簡単である。
2. 外国語を身に付けるのに特別な才能を持っている人がいる。
3. 言語の中には、学習するのが簡単なものと難しいものとがある。
4. 私の国の人々は外国語を身に付けるのがうまい。
5. すばらしい発音で英語を話すことは大切である。
6. 英語を話すためには、英語を使う人々の文化を知る必要がある。
7. 正しく言えるようならないうちに、何か英語で言うべきではない。
8. 一つの外国語を話せるようになっている人は、もう一つの外国語を身に付けるのは簡単である。
9. 数学または科学が得意な人は、外国語を学ぶのは得意ではない。
10. 英語が話されている国で英語を学ぶのが一番である。
11. 外国語を学ぶことにおいて一番大切なことは、語彙を身に付けることである。
12. 繰り返しや練習をたくさんすることが重要である。
13. 男性より女性の方が外国語を学ぶのがうまい。
14. 入門期の学生が英語で間違いをしても許されるなら、その後正しく話せるようになるのは難しい。
15. 外国語学習で一番大切なことは、文法を身に付けることである。
16. 外国語を理解することより外国語を話すことの方が簡単である。
17. カセットテープで練習をすることは重要である。
18. 外国語を学ぶことは、他の教科の勉強とは違う。
19. 2カ国語以上の言語を話す人は頭がよい。
20. 誰でも外国語を話せるようになる。
21. 英語を聞いたり話したりするより、読んだり書いたりする方が簡単である。

22. 英語は
   (a) 大変難しい言語である。
   (b) 難しい言語である。
   (c) 中ぐらい難しい言語である。
   (d) 易しい言語である。
   (e) 大変易しい言語である。
23. もし、毎日1時間言葉を学習するのに費やすとしたら、その言語を大変うまく話すようになるにはどのくらいの時間がかかるか。
   (a) 1年未満
   (b) 1〜2年
   (c) 3〜5年
   (d) 5〜10年
   (e) 毎日1時間で言葉を学ぶことはできない。

(Adapted trom E. Horwitz, "Surveying student beliefs about language learning," in Anita Wenden and Joan Rubin, *Learner Strategies in Language Learning.* (c) 1987, pp. 127–8, Prentice Hall, Englewood Cliffs, New Jersey)

第3章　学習者に焦点を当てる

　言語の指導は教師の視点から議論されることが多い。この本の他のところでは、教師がもっている信条、目標、態度、そして決心が指導の方法にどのような影響を及ぼすかを検討している(第2章や第4章を参照)。しかし、学習は指導の目標であるが、学習は必ずしも指導をそのまま鏡のように映すものではない。学習者も、信条や目標、態度そして決心をもって学習に臨むのである。そして、これらが彼らの学習方法に影響を及ぼすのである。本章では、学習者がもっている指導や学習についての信条や、認知スタイルの影響や、学習方略の役割を探求することによって、学習者自身が学習に対してどんな貢献をしているかを調べることにする。

学習者の信条システム

　第2言語習得の多くのモデルは、学習者がもつ信条に中心的な役割を与えている(例えば、Bialystok 1978; Naiman et al. 1978)。学習者の信条は、学習の社会的なコンテクストに影響を受け、言語そのものや言語学習一般に対する学習者の態度に影響を与える(Tumposky 1991)。学習者の信条システムはいろいろな事柄にわたっており、学習者がもつ学習へのモティベーションや言語学習への期待、言語について何が簡単で何が難しいかという感じ方、さらに学習方略の好みなどに影響を与えることがある。

　英語の本質についての信条　学習者は、英語のどの面が難しいかとか、他の言語と比較したときの英語の地位について、非常に焦点化された感覚をもっている。このことは、日本のESL学習者の次のような言葉に見ることができる。

　　英語は他の言語より学習するのがはるかに難しい。
　　英語学習の一番難しい点は、文法学習である。

英語は世界で一番重要な言語である。

　これらのようなコメントは、ほとんど言語的民間伝承を表しているにしかすぎないかもしれない。しかし、学習者にとってこれらは心理学的な現実感があり、それ故、彼らの英語学習法に影響を及ぼすのである。例えば、英語の文法が自分の学習の大きな障害だと感じている学習者は、文法を基礎にした指導法を好むかもしれない。

　英語話者に対する信条　学習者は、英語話者との接触やその他、例えば、メディアなどの源から生じた、英語話者に対して特別な見方や態度をもっていることが多い。例えば、

　　アメリカ人は、人が英語を話すとき間違っても気にしない。
　　イギリス人は、言葉を学習するのが下手である。
　　オーストラリアの人々は友好的である。このためオーストラリアでは
　　　人々と出会い、英語で話すことを練習するのは簡単である。

　これらの意見はほとんどステレオタイプにすぎないものであるが、しかし、それらは生徒が母語話者とどの程度進んで意思疎通を図ろうとするかに影響する。また、英語の母語話者に対して学習者が抱く態度は、英語話者と他の文化をもつ人々との間の文化的な違いに影響されることもある。例えば、オーストラリアにいる中国人の学生は、「オーストラリア人は、いつも謝ってばかりいる。誰にでも謝るし、些細なことについて、家族にも親しい友人にも謝っている。私には、よそよそしく冷やかな感じがする。友達にはそんなに丁寧にする必要はないのに」とコメントしている (Brick 1991: 119)。このようなコメントは、謝罪とかお世辞などの発話行為を行う際の文化的な規準の違いを反映している。

　4 技能についての信条　学習者の言語観は、聞くこと、話すこと、読むこと及び書くことの本質についての特定の考え方に反映されていることもある。例えば、

　　英語をうまく話せるようになるには、たくさんのイディオムを覚えなく
　　　てはならない。
　　聞き取り能力を改善するための最善の方法は、テレビを見ることであ

る。
　語彙が難しすぎるので、英語の雑誌を読んでも私には時間の無駄である。

　教師の信条と学習者の信条の違いは、言語の授業において何に焦点を置くとよいかについて考え方の食い違いにつながることがある。例えば、教師は多読ができる技能を育成することを目的としてリーディングの授業を教えようとする一方、生徒たちは、リーディングの授業を、語彙やイディオムの知識を増強しながら、精読の力を身に付けるための機会ととらえていることもある。

　指導についての信条　中等教育を終了するまでに、生徒は様々な教師から数千時間の指導を受けている。その結果、生徒たちは、どんな要素が効果的な指導や効果のない指導を構成しているかについてはっきりとした考え方をもつようになっている。このことは、言語学習者の次のような言葉に反映されている。

　教師は文法の規則を説明すべきだ。
　グループ内の他の生徒からあまり学ぶことはない。
　私が作文で犯した間違いを全部教師が訂正してくれることは役に立つ。

　生徒と教師の信条の違いは、教師が与えた課題を生徒が過小評価することにつながることもある。例えば、中級レベルのスピーキングのクラスで教えている教師は、授業の中に多くのグループ・ワークやペア・ワーク用の課題を用意した。しかし、彼女の生徒は授業に対して低い評価を下した。彼らが言うには、指導のポイントを特定することができなかったので、そのような活動を行う理由が分からなかったということである。
　学習者は、教師の教え方、教師の役割、責任について特別な期待をもっている。例えば、

　教師の責任は、情報を提供することである。
　教師は教科書に沿うべきである。
　教師は常に手本を示すべきである。

　英語の教師に何を期待するかについて次のオーストラリアの高等学校の

生徒によるコメントに示されているように、生徒は、ときに、自分の考えを具体的な言葉ではっきりと述べるものである。

　[良い先生とは]他の人々にその気持ちを表現させるようにしむけることができる人であり、子どもの創造性を引き出すことができる人です。なぜなら、たぶん誰もがまだ活用していない創造性をもっていると思うし、その創造性を本人に示しそして納得させて、その創造性を活用させることができれば、素晴らしい先生ということになると思う。
　[教師に]我慢強さが必要なのは確かです。教師は創造的な頭と判断力が必要だと思います。なぜって、家に帰って32枚の作文を採点することはたいていの人がやりたがらないことだからです。だから先生は広い心をもっていなければなりません。なぜなら、そうあの作文ね、あまり良くないね、他の人のとは書き方が違っているからなんて言えないから。
　いちばん肝心なのは、じっくり生徒と話をしようとする気持ちや能力です。なぜなら、先生の中には同等の立場で生徒に語りかけたくないような先生も見かけるからです。むしろ、偉ぶって話す人ならいますが、それは英語のライティングの授業には最悪です。というのも、ライティングでは、いろいろなことを率直に話し合う必要がありますから。
　　　(O'Neill and Reid 1985, cited in Biggs and Telfer 1987: 439)

異なる文化をもつ生徒は、良い指導とは何かについて違った信条をもつことがある。例えば、中国で中国語を勉強しているオーストラリアの生徒が次のように述べている。

　中国の先生で困るのは、教員研修を受けていないので教え方を知らない点です。ただ教科書をなぞるだけなんです。話す機会も与えてくれないんです。こんなことで、私たちが中国語を身に付けられるでしょうか。(Brick 1991: 153)

これと次の、オーストラリアで勉強している中国人の生徒のコメントとを比較することができる。

　オーストラリアの先生方は優しいけれど教え方はうまくありません。授業がどこへ向かっているのか分からないんです。組織的でないので自

分が何をやっているのか分からなくなります。また、教員研修もひどかったようで、教師は自分が教えている内容を十分理解していないようです。(Brick 1991: 153)

言語学習についての信条　生徒は、言葉の学習の仕方や役に立ちそうな活動や指導法について特定の考え方をもって教室にやってくる。次のような例がある。

言葉を身に付ける最善の方法は、その言葉の母語話者とつきあうことである。
文法の規則を覚えようとすることは役に立たない。
英語がうまくなるには毎日練習する必要がある。

言語学習者は、教師がやめさせたいと思う言語学習方略を大事だと考えていることもある。例えば、機械的な学習や暗記が広く採用されている文化をもつ生徒は、これらこそ英語を学ぶために役に立つ方略だと考えているかもしれない。しかし、彼らの先生は、これらの方略に価値を置かない文化をもっていて、学習者にそういう方略を使うのはよした方がよいと勧めることもある。

教室における適切な行動に関する信条　学習者は、どんなものが教室での望ましいインタラクションや行動となるかについての考え方をもっていることもある。これらの信条は文化的な基盤をもっていて、ときに、それは教師の信条と食い違うこともある。例えば、

授業中教師に質問することは、礼儀正しくない。
教師が授業の終わりを告げて解散させなければ、教室から出るべきではない。
必要な場合には、立ち上がって他の生徒に援助を求めてもかまわない。
他の生徒がやった宿題の答えを写すのはかまわない。

上の最後の意見は、ある文化においてカンニングと考えられるかもしれないことが、別の文化では全く違った価値をもつことがあることを示している。

自分自身についての信条　学習者は言語学習者としての自分の能力について、次に示すように、特定の信条をもっている。

私は言葉を学ぶのがへただ。言葉を自然に聞き覚えるということができない。
語彙を覚えるのは私には簡単である。
母語話者に話さなければならないとき、どうも不安になる。

言葉の学習者としての自分の得意なところと弱点を認識すると、言語学習のための機会をどう利用するか、何を優先するかなどに影響が出てくる。

目標についての信条　学習者は言語学習について多様な目標をもっている。

私は、ただ自分の言うことが通じればいい。
私は英語がうまく書けるようになりたい。
私は読めるようになることに興味はない、ただ話せればいい。

学習者によっては、主に非ネイティブの英語話者を相手に英語を使うので、ネイティブのような発音を身に付けることは重要なゴールではないことがある。また、別な学習者にとっては、英語でネイティブのような発音を身に付けることがかなり優先されることもある。

学習者の信条は、第2言語学習にかかわる社会的な状況に影響を受けるので、文化的なバックグラウンドを異にする学習者の信条システムにはそれぞれ文化的な違いがある。これは、ソ連から来た大学生とアメリカの大学生がもっている言語学習についての信条を比較したタンポスキー (Tumposky 1991) の研究で示されている。タンポスキーは、次のような問題について学生の信条を調査している。

1. **外国語適性**　年齢、性別、第1言語の種類などによって、他の人たちより成功を修めやすい学習者がいるか。
2. **言語学習の難しさ**　全ての言語は同じくらいに難しいのだろうか。外国語を学習するにはどのくらいの時間がかかるのか。話したり聞い

たりすることより、読んだり書いたりすることの方が簡単なのだろうか。

3. **言語学習の本質** 言語学習は他の学習と似ているのだろうか。文法の規則を学ぶことはどの程度重要なのだろうか。語彙はどうか。
4. **学習方略とコミュニケーション方略** 「間違い」はどの程度重要な働きをもっているのか。「推測」することは良いことなのだろうか。
5. **動機と期待** あなたはどうしてこの言語を学んでいるのか。仕事を見つけるときに役に立つのか。

ソ連とアメリカの学生の信条の違いは、言語学習の本質とコミュニケーション方略に関する質問に対してどのような反応をしたかに示されている。

	賛成 [%]	どちらとも言えない [%]	反対 [%]
1. 英語/スペイン語/フランス語を話せるようになるには、英語/スペイン語/フランス語圏の文化を知る必要がある。			
US	58	22	19
USSR	78	20	2
2. 英語/スペイン語/フランス語が話されている国で英語/スペイン語/フランス語を学ぶことが一番である。			
US	61	22	17
USSR	100	0	0
3. 外国語学習で一番重要なのは語彙を身に付けることである。			
US	42	39	19
USSR	24	41	35
4. 正しく言えるようになるまでは、英語/スペイン語/フランス語で何も言うべきではない。			
US	3	11	86
USSR	11	33	55
5. 他の人と英語/スペイン語/フランス語を話すのはこわい。			
US	50	14	36
USSR	24	33	43
6. カセットやテープで練習をするのは重要である。			
US	58	33	8

| USSR | 79 | 19 | 2 |

(Tumposky 1991: pp. 58-9)

　教師の信条システムがその指導法に影響するように、学習者の信条システムは、学習をどう概念化し教室における学習をどう解釈するかに影響する。これは、リーディングの授業における第1学年の生徒に関するボンディ (Bondy 1990) の研究にも示されている。彼女は、リーディングの特徴や目的について生徒たちがそれぞれ異なった理解をしていることや、リーディングに関するどの信条システムも全ての子どもたちに共通ではないことを見いだしている。リーディングに関して6つの異なる信条がクラスの生徒にあることが分かった。これらが、授業中、リーディングについての生徒のアプローチを導き、彼らのリーディングにかかわる行動に影響を与えているのである。

1. **リーディングとは単語を正確に言うことである。**これらの生徒にとって、焦点は単語を声に出して発音することである。リーディングとは、単語を発音するパーフォーマンスであると見ているのである。
2. **リーディングとは勉強である。**これらの生徒にとって、リーディングは、自分たちが本当にやりたいことをやり始める前に完成させなくてはならない、もう一つの義務的な課題である。通例、生徒たちが自分一人でやりたくなるようなものではないものである。
3. **リーディングは社会的地位を獲得するためのみなもとである。**つまり、他の人の前で発表され、実演される活動である。
4. **リーディングとは、ものを学習するための方法である。**これらの子どもにとって、リーディングとは勉強を意味し、情報が含まれている教材を読むことを選択したのである。
5. **リーディングは個人的な楽しみである。**これらの子どもは、自分たちにとって個人的な意味をもつ本を選択したのである。
6. **リーディングは社会的な活動である。**これらの生徒にとってリーディングとはペアやグループで協力して行う共同活動である。それは友人との楽しみのみなもとである。

　上のリーディングの定義のうち最初の3つは、能力の低いリーディングのグループに共通するものである。その次の3つは、能力の高いグループ

の子どもたちだけに見られたものである。これらは、リーディングが「個人的に意味をもつ活動」であるという考え方を反映している (Bondy 1990: 35)。ボンディはまた、教師が指導しながら生徒とのインタラクションの仕方によって、これらのリーディングについての異なった見方を無意識にも支えていることを見いだしている。例えば、全てのリーディングのグループに対する教師のアプローチは上の6つの信条を全て組み入れているが、下の方のグループにいる子どもたちは、単語レベルの経験に一層の重点を置かれた指導を受けた。同様に、上の方のグループの指導では、意味や個人化、情報の共有化などに重点を置いていた。子どもたちは、リーディングについての自分の以前の経験や理解に照らし、教室でのリーディングの経験を解釈しながら、その定義をしているのである。

〈ディスカッション〉
1. あなたがよく知っている学習者グループにとって、この節で議論した8つの事柄についての信条は、英語学習への彼らのアプローチにどのような影響を与えているでしょうか。あなたから見て、彼らの信条が (a) 彼らの語学学習を支援していたり、(b) 学習を妨げているような点を特定できるでしょうか。
2. 学習者のもつ文化的な背景は、この節で議論した言語学習についての信条にどのような影響をもつでしょうか。教師は、教師と生徒の信条の間にある文化的な違いをどのように対処すべきでしょうか。
3. ESLの生徒(またはあなたが教えている外国語の生徒)はリーディングについてどのような信条をもっているでしょうか。あなたがよく知っている学習者グループの信条の概略を、あなたの指導経験や学習者との話し合いから、描き出しなさい。クラスの全生徒はリーディングについて同じ信条をもっているでしょうか。

認知スタイル

言語学習や言語指導について学習者がもっている見解のいくつかは、認

知スタイルとか学習スタイルと呼ばれるものの違いに関連していることがある。認知スタイルとは、学習者がどのように学習環境を知覚し、相互に影響し合い、対応するかを比較的安定的に示す、特徴的な認知的・生理的な行動であると定義されている (Keefe 1979; cited in Willing 1988: 40)。したがって、認知スタイルとは学習にアプローチする際の特別な性向と考えられ、性格上のタイプと密接な関係をもっている。人々の認知スタイルにおける違いは、学習状況に対する人々の反応の違いに反映する。例えば次のとおりである。

- 一人で活動することを好む人がいる一方、グループで活動することが好きな人々がいる。
- 課題を達成する前に計画立案にたっぷり時間をかけるのを好む人がいる一方、あまり計画立案には時間をかけず、実際に課題達成をしながら出現する問題を解決していく人たちもいる。
- 一度に一つの課題だけに集中することしかできない人もいれば、同時にいくつかの異なった課題に取り組むことができそうな人がいる。
- 曖昧さや不確かさがある場面で不安になる人もいる一方、対立する情報や意見が存在する状況に対処することができる人もいる。
- 問題を解決するとき、間違っているかもしれないという可能性にもあまり煩わされず、あえて危険を冒し大胆な推測をする人がいる一方、そんな危険な状況を避けようとする人もいる。
- 視覚刺激を活用したり、記憶補助としてメモを取ると一番学習しやすい人もいる一方、メモを取らず聴覚学習でよりよく学習できる人もいる。

ノウルズ (Knowles 1982) はこの種の相違は、4種類の学習者の認知スタイルを反映していると述べている。以下の学習スタイルが特徴的である。

具体的学習スタイル　具体的学習スタイルをもっている学習者は情報を取り入れ処理するのに能動的で直接的な方法を採る。彼らは直接的な価値をもつ情報に興味をもつ。好奇心が強く、自発的で、冒険的である。多様性やペースが頻繁に変化することを好む。決まった学習や文字を使った活動を好まず、言葉を使ったり視覚にうったえる経験を好む。楽しむことを好み、学習に身体ごと取り組むことが好きである。

分析的学習スタイル　分析的学習スタイルをもっている学習者は自立的であり、自分で問題を解決したり、考え方を徹底して調べたり、原則を確立することを好む。そのような学習者は、自分たちの力で究明できる機会が与えられるような新しい学習課題を論理的かつ組織的に示されることを好む。分析的な学習者は、まじめで、自分から進んで努力し、失敗すると傷つきやすい。

伝達的な学習スタイル　伝達的な学習スタイルをもっている学習者は学習に対して社会的なアプローチを好む。彼らは個人的なフィードバックや相互作用を好み、ディスカッションやグループ活動からよく学習する。民主的に運営される授業でがんばれる。

権威的学習スタイル　権威的学習スタイルをもっている学習者は、責任感があり頼りがいがある。彼らには構造と順序だった展開が必要である。彼らは伝統的な教室によりなじむ。彼らは、教師が権威ある人物であることを好み、明確な指導を欲し、自分たちが今何をやっているかについて正確に知りたいと考えている。彼らは、お互いに共通理解をうち立てていくような議論にはあまり居心地がよくない。

オーストラリアにおける大規模な成人の ESL 学習者についての研究 (Willing 1988: 101) は、以上のような認知スタイルの違いが、どのように次の6つの領域における学習者の好みに影響を与えたかを特定しようとした。

1. 教室における特定の活動への好み
2. 教師の特定なタイプの行動への好み
3. 特定のグループ分けの方法の好み
4. 言語のある特定な側面で重点的に扱われるものについての好み
5. 視覚による学習、聴覚による学習、触覚による学習など、特定の感覚モードに対する好み
6. 教室外における自主学習の特定モードについての好み

生徒は自分たちの学習上の好みについてインタビューを受けたり、アンケートに答えたりした。その結果最もよく取り上げられた好みは次のよう

なものである。

音と発音の練習をするのが好きである。	62%
先生が私の間違いを全部指摘してくれるのが好きである。	61%
授業では、会話で勉強するのが好きである。	55%
先生が私たちに全てを説明してくれるのが好きである。	54%
新しい単語をたくさん習いたい。	47%
友達に英語で話して学習したい。	48%
オーストラリア人を見たり聞いたりして学習したい。	39%
英語の単語を聞いて覚えたい。	37%
英語の単語を見て覚えたい。	38%
私が自分の興味について語るのを先生が助けて欲しい。	35%

(Willing 1988: 116)

　認知スタイルにおける違いが学習に対する学習者の特定の好みに影響を与えることが解明された。例えば、具体的スタイルをもつ学習者は次のような好みを示す傾向にある。

　授業では、ゲームを使って学習するのが好きだ。
　授業では、絵やフィルム、ビデオを使って学習するのが好きだ。
　ペアで活動しながら英語を学習するのが好きだ。

　しかし、分析的スタイルをもつ学習者は次のような好みを報告している。

　文法を勉強するのが好きだ。
　家では、英語の本を勉強するのが好きだ。
　先生が自分で間違いを見つけさせてくれるのが好きだ。

　伝達的なスタイルをもつ学習者は次のような好みを示している。

　オーストラリア人を見たり聞いたりして学習するのが好きだ。
　友達と英語で話して学習することが好きだ。
　家では、英語でテレビを見て学習するのが好きだ。

　権威的学習スタイルをもつ学習者は次のような好みを示している。

先生が何でも説明してくれるのが好きだ。
ノートに何でも書いておきたい。
自分の教科書が欲しい。

　このような情報は、教師と生徒が学習に対して同じアプローチをしているかどうかを示してくれる役に立つ。学習者をその認知スタイル別に分類する必要はないが、彼らが、どのような学習アプローチを好み、どのように指導したら彼らの学習上の好みに応じられるかを知ることは役に立つ。また、認知スタイルが文化的な要素を反映することがあるのを認識することは重要である。例えば、ウィリングは異なる民族グループの認知スタイル傾向を調査し、学習者の文化的背景によって違いがあることを発見している。例えば、中国人の学習者に一番好まれる学習方法は次のようなものである。

先生が何でも説明してくれるのが好きだ。	54%
先生が私の間違いを全部指摘してくれるのが好きである。	51%
音と発音の練習をするのが好きである。	50%
新しい単語をたくさん習いたい。	43%
授業では、会話で勉強するのが好きである。	43%
何か実際にやりながら英語の単語を覚えたい。	43%

(Willing 1988: 131)

　しかし、アラビア語話者が一番好きな学習方法は次のようなものである。

音と発音の練習をするのが好きである。	77%
先生が何でも説明してくれるのが好きだ。	77%
文法を勉強するのが好きだ。	65%
友達に英語で話すことで学習したい。	56%
私が自分の興味について語るのを先生が助けて欲しい。	56%
授業では、会話で勉強するのが好きである。	56%

(Willing 1988: 131)

〈ディスカッション〉
1. 認知スタイルという考え方は役に立つと思いますか。この考え方は、生徒の学習の仕方についての私たちの理解をどのように明らかにすることができるでしょうか。また、どのように理解を妨げるでしょうか。
2. 最近外国語または他の教科におけるコースを取ったことがありますか。もしそうなら、学習に対する自分自身のアプローチの仕方について考察してみなさい。あなたのそのアプローチは、この節で取り上げた認知スタイルの4つのカテゴリーのどれかとどれほど一致するでしょうか。学習に対する自分のアプローチの仕方を描写してみなさい。

学習方略

　認知スタイルは、学習者のもつ比較的安定した特徴であり、学習における一般的なアプローチを左右すると考えられるが、学習方略は、個々の学習課題に取り組む際に、学習者が用いる特定のやり方のことである。例えば、教室で、本の中の1章を読むとか、1節の概要を書いてまとめるなどの学習課題に直面したとき、学習者はその課題を完成するためにいくつかの異なった方法を選ぶことが可能である。これらの選択肢、つまり、方略のそれぞれには、特定のメリットとデメリットがあり、適切な学習方略を活用することがその学習課題における成果を高める。指導において重要なのは、効果的な学習方略について学習者がより明確な認識をもち、それをコントロールできるようにすることであり、効果の上がらない学習方略については、使わないようにさせることである。

　オックスフォード (Oxford 1990: 8) は、学習方略を「学習者が、学習を容易に、速く、より楽しく、もっと自律的に、新しい状況により転移がきくようにするためにとる特定の行動」と定義している。彼女は、言語学習方略は次のような特徴をもつと言っている (p. 9)。

　主たる目標である、コミュニケーション能力に貢献するものである。

学習者がより自律的になることを可能にするものである。
教師の役割を拡大するものである。
課題中心的なものである。
学習者自身が行う特定の行為である。
単に認知面だけでなく、学習者の多くの面にかかわるものである。
直接的にも間接的にも学習を支えるものである。
必ずしも観察可能ではないものである。
多くの場合、意識的に行われるものである。
教えることが可能なものである。
弾力的なものである。
いろいろな要因によって影響を受けるものである。

　学習方略の本質や、いろいろな目的に対して効果的な学習方略を明らかにすることについては、多くの研究が継続中である(Vann and Abraham 1990)。オックスフォード(Oxford 1990)は学習方略の一般的な6タイプを割り出している。

- **記憶方略**　情報を記憶したり、思い起こしたりすることを助けるもの。
- **認知方略**　新しい言語を理解し、作り出すことを可能にするもの。
- **補完方略**　学習者の言語知識が不十分でも何とかコミュニケーションができるようにするもの。
- **メタ認知方略**　学習者が自分の学習の体系化、計画立て、評価をとおしてそれをコントロールできるようにするもの。
- **情意的方略**　学習者が自分の感情、態度、動機、価値をコントロールできるようにすることを助けるもの。
- **社交的方略**　学習者が他の人々と交流することを助けるもの。

　オックスフォードは、それぞれの方略タイプについて次のような例を示している。

- **記憶方略**
  —心的関連性をうち立てる(例えば、新語をコンテクストに取り入れること)
  —イメージや音を活用する(例えば、記憶の中に音を再生する)

―うまく再生する(例えば、構造的再生のように)
　　―動作を利用する(例えば、動作での反応や感覚を活用すること)
・認知方略
　　―練習すること(例えば、公式やパタンを活用すること)
　　―メッセージを受け取ったり送ったりすること(例えば、メッセージの主要な部分に焦点を当てること)
　　―分析したり論理的に考えること(例えば、表現を分析するなど)
　　―インプットやアウトプットのために構文を作ること(例えば、メモを取ること)
・補完方略
　　―知的推測を働かせること(例えば、意味を推測するのに、非言語的手がかりを活用すること)
　　―話したり書いたりする際の限界を克服すること(例えば、同義語や言い換えを活用すること)
・メタ認知方略
　　―学習を中心に据えること(例えば、新しい情報を既知の材料と関連付けること)
　　―自分の学習を調整し計画立てること(例えば、目標や目的を設定すること)
　　―自分の学習を評価すること(例えば、自己モニターすること)
・情意的方略
　　―自分の不安を減らすこと(例えば、音楽や笑いを活用すること)
　　―自分を勇気づけること(例えば、自分をほめること)
　　―自分の感情の状態を知ること(例えば、他の人と自分の感情について話し合うこと)
・社交的方略
　　―質問をすること(例えば、不明な点を明らかにしてもらったり、自分の理解が正しいか確認してもらうこと)
　　―他の人と協力すること(例えば、新しい言語をうまく使う人と協力すること)
　　―他の人との共感を図ること(例えば、文化的な理解を深めること)

　学習者方略に関する研究は、以上のような方略を学習者がどのように活

用しているか、そして、成功する学習者と不成功に終る学習者の方略にはどのような違いがあるかという点に焦点が当てられてきた (O'Malley and Chamot 1990)。どのように学習者が異なる言語学習課題を達成するかを観察したり、学習者に自分の方略について振り返らせたり、特定の言語学習課題をどのように解決したかについて書かせたりして、効果的な方略と効果的でない方略の違いを明確にすることができる。例えば、ある研究 (Hosenfeld 1977) では、読解力テストにおける高得点と低得点をとった学習者の間にある違いは、次のようなものであることが示されている。高得点者は、文章全体の意味を念頭におき、大きな固まりのフレーズごとに読み、重要でない語は飛ばし、未知の語の意味はコンテクストから推測する傾向を示した。一方、低得点者は、文章を解読してしまうとその意味を見失い、一語一語または短いフレーズごとに読み、めったに語を飛ばすことはなく、新語が出てくるとすぐに語彙集に頼ってしまう傾向がある。

　作文の課題に取り組んだ生徒を対象にした研究では、同様に、文章をうまく書く生徒が使う方略とうまく書けない生徒が使う方略では違いがあることが明らかになっている (Heuring 1984; Lapp 1984)。例えば、うまく書く生徒は、書く前に課題について考え、その課題にどう取り組むかについて計画をたてる。情報を集め、それをまとめる。ノート・テイキングやリスト、そして自分の考えを生み出すためにブレイン・ストーミングの技術を活用する。一方、うまく書けない生徒は、計画にあまり時間をかけず、課題についてどうすべきか混乱したまま書き始める。計画しまとめる方略をほとんど活用しないのである (Richards 1990)。

　ヴァンとアブラハム (Vann and Abraham 1990) は、不成功に終わった言語学習者が様々な課題に取り組んだときに使った方略について研究し、彼らを不成功に終わらせたのは、適切な方略をもっていないということではなく、課題に対して適切な方略を選択する能力がなかったということであることを明らかにした。そのような学習者は、

　　一見すると、方略を積極的に活用しているように見えるが、実際には、当面の課題に適切に対応した方略を適用できないことが分かった。明らかに、彼らにはより高度なレベルの対処法が欠けていたのである。例えば、メタ認知方略とか自己統制技能などと呼ばれるもので、それがあれば、与えられた課題を査定し、それを達成するのに必要な方略を身

に付けることができたはずなのだ。(pp. 190-1)

　第2言語指導における学習者方略に対する現代の興味は、教師と生徒がいかに共同して学習に効果的なアプローチを開発するかに置かれている。学習者がどうしたらもっと効果的に学習できるかを知ることによって学習を促進するという課題を、教師と生徒の両者が分けもっていると見なされているのである。この分野のパイオニアの一人であるルービンは、学習方略をよりよく理解しうまく扱うことにより、学習者は次のことができるようになると言っている。

・学習に対する自分のアプローチについて洞察が得られる。
・課題や学習目的に適合した方略を選択できるようになる。
・このような方略を教室や、自習時、仕事の場面などで使えるようになる。
・読み取り、聞き取り、会話のそれぞれに固有な方略を使えるようになる。
・言語学習のために記憶力をよくする方略を改善することができる。
・言語やコミュニケーションについての知識を一つの言語からもう一つの言語へと効果的に転移させる方法を学ぶ。
・資料をうまく活用するようになる。
・間違いをもっと効果的に扱うことができる。　　　　　(Rubin 1985)

〈ディスカッション〉
1.　オックスフォードの学習者方略のリスト(pp. 69-70)を復習しなさい。第2言語の諸相(例えば、文法、語彙、話すこと、聞くこと、読むこと、話すことなど)を学ぶときに、これらの方略がどのように活用できるか、例を示すことができますか。
2.　二人以上の仲間と自分がふつうどのように書くこと(例えば、エッセイなど)の課題をこなしているか話し合いなさい。お互いに同じ方略を活用していますか。時間が経過するについて、自分の方略を変えてきましたか。それはなぜですか。
3.　ホセンフェルドたち(Hosenfeld et al. 1981)はフランス語を学習している高等学校の生徒に読むことに関する方略を教えるための順

序について述べています。(1) 読んでいるとき声に出して自分の考えていることを言うように指導する。(つまり、生徒は読みながら自分が活用している方略を口頭で描写する。) (2) 生徒の読みについての方略を特定し、(3) 生徒に「方略」という考え方を理解させ、中にはうまくいく方略もあれば、うまくいかないもの、さらには、一見うまくいくように見えるものまであることを分からせる。(4) 生徒たちに、未知の単語を含んだ母語言語のテクストを解読する際に彼らが実際使っている方略を認識させる。(5) 生徒たちに、未知の単語を含んだ外国語のテクストを解読する際に彼らが活用できる方略があることを分からせる。(6) 読むことにおける特定の方略を教えるために、指導や練習、統合を行う必要がある。(7) 生徒の読みの方略を確認し、指導の前に生徒が用いた方略と比較する。

　方略の指導に対するこのアプローチの背後にある哲学はどんなものでしょうか。このアプローチのメリットとデメリットは何でしょうか。

4. 学習者はいくつかの方法で自分の学習を探求することができます(Gray 1991)。例えば、次のような方法で可能です。

　a. グループ・ディスカッション(例えば、学習者が自分たちの好きな学習活動やアプローチについてや学習に関する問題を解決する方法について話すようなもの)

　b. 自己評価や相互評価(例えば、生徒がある特定の技能分野における自分たちの能力を評価したり、これらの能力が一定期間にどのように伸びたかを評価するようなもの)

　c. 相互観察(例えば、一人の生徒が課題を完成させるのをもう一人の生徒が観察し、その課題がどのように達成されたかについて記録を取り、それについて仲間とともに話し合うようなもの)

　d. 日誌(例えば、特定の課題をどのように解決したかを生徒が書いたり、生じた問題をどう扱うかについて書いたりするもの)

　この章で議論されたいくつかの事項についての学習者の見方・考え方を探求するために、以上のような活動が言語研修プログラムの中でどのように活用できるか話し合いなさい。

発展活動

▶日誌活動

1. 自分の外国語学習の経験を思い起こしなさい。次のような事項についてのあなたの信条は、その言語を学習する方法にどのような影響を与えましたか。
   a. 言語学習についてのあなたの信条
   b. 目標言語を話す人々に対するあなたの信条
   c. 言語学習の目標に関するあなたの信条
2. 外国語を学習する際の自分が好む認知スタイルにはどのような特徴があると思いますか。それがあなたの好みの活動の種類にどのような影響を与えていますか。
3. あなたのクラスやあなたが観察したクラスの学習者が活用していた効果的な学習方略を記録しておきなさい。特定の学習者は特定の学習方略を好むことがあるのが分かりますか。あなたの学習者は、効果的な学習方略のレパートリーをどのくらい増やしていますか。

▶調査課題

1. 第3章の第1節で示された事項について学習者の信条を調査するためのアンケートを考えなさい。
2. アペンディクス1 (pp. 79–80) のアンケートはホウィッツ (Horwitz 1987: 127–8) から採ったものです。それをあなたがよく知っている学習者グループに合うように手直しし、実施しなさい。アンケートで明らかになった内容について他の仲間と話し合いなさい。
3. アペンディクス2 (pp. 81–83) の学習者方略リストを完成し、あなたが好きな方略を知りなさい。次に、その方略とオックスフォードの分類 (p. 69) を比較しなさい。それぞれの方略をオックスフォードのリストのどこに位置付けますか。
4. アペンディクス3のアンケートは学習スタイルと好みを引き出すためにデザインされたものである。しかし、ノウルズの学習者スタイルの4分類システム (pp. 64–65) を使わず、このアンケートは6分類システムをもっている。その6分類とは:
   a. **視覚学習者** このタイプの学習者は、視覚的方法で新しい情報に反

応し、経験を視覚的、絵画的、図式的に描写したものを好む。彼らは、読書から多くの利益を得たり、本やワークブックや黒板に書かれた単語を見てうまく学習することができる人たちである。彼らは、本を使って自分で学習することができることが多く、講義のメモを取って新しい情報を記憶しておくことができる。

b. **聴覚学習者**　このタイプの学習者は、口頭での説明を受けたり、話された言葉を聞いて一番学習することができる。彼らは、テープを聴いたり、他の生徒を教えたり、クラスメイトや教師と話すことから多くの利益を得ることができる。

c. **身体学習者**　このタイプの学習者は、身体的に経験をするとき一番よく学習する。彼らは、活動や野外調査、ロール・プレイなどに積極的に参加することで新しい情報を記憶する。

d. **触覚学習者**　このタイプの学習者は、直接ものに触れて体験する活動を行うことで一番学習する。彼らは、材料を手で扱い、ものを組み立てたり、修理したり、制作したり、組み合わせたりすることが好きである。

e. **グループ学習者**　このタイプの学習者は、グループ内でのインタラクションや他の生徒との活動が好きで、他の人と一緒に活動すると一番学習できる。グループ内でのインタラクションで、新しい課題をよりよく理解し学習することができるのである。

f. **個人学習者**　このタイプの学習者は、一人で学習するのを好む。独力で新しい情報を学習する能力があり、一人で学習すると題材をよく覚えることができる。

　まず、アンケートに自分で答えなさい。アンケートの後にある指示に従って自分の学習スタイルの好みを見定めなさい。あなたには、学習スタイルの主要な好みがありましたか。その結果に驚きましたか。仲間やパートナーの結果と比較してみなさい。

　よく知っている学習者グループの人たちにこのアンケートを実施してみなさい。そのグループの生徒は学習スタイルの主要な好みがありましたか。その好みは全ての生徒にとって同じものでしたか。

▶**授業観察**

　授業を観察し、生徒が教室での活動をしている間、1～2名の学習者を

モニターしなさい。その学習者が活動を達成しようとしている過程で活用している方略を描写しなさい。同じ学習者を観察した他の人の観察記録とあなたの記録とを比較しなさい。その学習者が活用していると思われた方略の説明は、どの程度共通点がありますか。学習者は効果的な学習方略を活用していると思いますか。そうでなければ、どうしたら改善することができるでしょうか。

▶相互観察

あなたが学習者に効果的な学習方略の活用を指導することに重点をおいた授業をしているとき、あなたの同僚に自分のクラスを観察してもらい、気付いたことをメモしてもらいなさい。あなたはどんな学習方略を勧めていましたか。あなたは、どのように学習者の注意を学習者方略に向けようとしていましたか。

アクション・リサーチ　ケーススタディ 1

[学習者方略]

このプロジェクトは、小学校の二人の教師によって実践された (Zornada and Bojanic 1988 の翻案)。

初期省察

私たちは、生徒たちが活用している学習方略についてもっと多くのことを知りたいと思っていた。私たちの ESL の授業で成功した学習者が使っている方略についてもっと知ることが必要だと感じていた。また、学習者が私たちの指導にどのように反応しているか知りたかった。調査を進めるために次のような質問がなされた。

1. 私たちのクラスの良い言語学習者はどのような学習方略を活用しているか。
2. 教室の外でも生徒たちは英語を使っているか。
3. 英語を学習することが楽しいと感じているか。

計画

私たちは、二人の子どもたちを選んだ。二人とも 7 才で、良い言語学習

者であると認められていた。この二人を選んだのは、クラスの他の生徒よりうまく英語を学習しているように思われたからである。次の方法でこの二人についての情報を収集することに決めた。

　教室での観察
　学習者の日記
　インタビュー

　一学期間学習者を観察することにした。

アクション
　教室での観察から、この二人の学習者が行っている行動例を次のようにまとめた。

　注意深く聞く
　質問をする
　教室の内外で目標言語を使う
　英語で他の人と交流する
　自分から進んで質問に答える
　辞書などのリソースを活用する

　また、この二人の生徒にインタビューして、ある活動でどんなことが簡単で、楽しく、おもしろかったか、また、何が難しかったか、そしてそれはなぜかを知ろうとした。子どもたちは日記をつけ、言語学習についての自分たちの気持ちや態度を書き留めていた。日記を書くことを奨励するために、次のような質問が彼らに与えられていた。

　授業でどんなことを学習しましたか。
　教室で言葉を十分学習していますか。
　学習した言葉を教室外で使っていますか。どこで使っていますか。
　語学の授業が待ち遠しいですか。
　語学の授業で嫌いなことはどんなことですか。
　学習したことをどのように覚えようとしていますか。
　誰と一緒に練習していますか。
　宿題にどのぐらいの時間をかけていますか。
　先生に与えられた宿題以外に何か特別な家庭学習をしていますか。

いま学習している言語が得意だと思いますか。
目標言語で書かれた本を時々読みますか。
言葉の学習のどこが好きですか、また、それはなぜですか。
今週、何か新しいことを学習しましたか。
自分の知識をテストされてうれしいと思いますか。
どうしたらもっと多くのことを学習できますか。
両親はあなたの言葉の学習を助けたり、支えてくれますか。

観察

　データの見直しを通して、この二人の生徒が多様な方略を使っていたために、言葉をうまく学ぶ学習者になったことが分かった。例えば、「学習したことをどのように覚えようとしていましたか」という質問に対しては、次のような答えがあった。

じっくり聞いていれば覚えるのは簡単です。
何回も何回も繰り返した。
友達や家族と練習した。
覚えたいことを書き留めた。
自分の部屋の壁に文を貼り付けた。
教科書を何度も時間をかけて復習する。それが好きだし、身に付くと思う。もし先生がそれを見たり、採点してくれなくても、その勉強が好きだ。

省察

　調査から特に驚くべきことは知り得なかったが、もともと直感的に知っていたことを追認したり明確にしたのは有用なことであった。生徒の学習をより効果的に高めるために役に立つ方略を見いだした。その方略は次のような質問を問うことなどである。

これにどう取りかかりましたか。
これをやるのにどんな方法が一番あなたに合っていましたか。

アペンディクス1： 言語学習についての信条目録： ESL 学習者版

　次に掲げるのは、外国語学習に対して人々がもっている信条である。それぞれの意見を読み、(1) 強く同意する、(2) 同意する、(3) 同意も反対もしない、(4) 反対する、(5) 強く反対する、のいずれであるか決定しなさい。

　ここには、正しい答えとか間違った答えというものはありません。あなたの意見に興味があるのです。第4問と第15問はちょっと異なっており、指示されたように答えなければなりません。

1. 外国語を学習するのは大人より子どもの方が簡単である。
2. 外国語学習に特別な能力をもっている人がいる。
3. 学習するのが簡単な言語と難しい言語とがある。
4. 英語は　(a) たいへん難しい言語である。
　　　　　(b) 難しい言語である。
　　　　　(c) 中程度に難しい言語である。
　　　　　(d) 易しい言語である。
　　　　　(e) たいへん易しい言語である。
5. 自分は英語が大変うまく話せるようになると信じている。
6. 私の国の人々は外国語を学習するのが得意である。
7. すばらしい発音で英語を話すことは重要なことである。
8. 英語を話すためには、英語を話す国の文化を知る必要がある。
9. 正しく言えるようになるまでは、英語で何も言うべきではない。
10. 一つの外国語を話せる人がもう一つの外国語を学習することは簡単である。
11. 数学や科学が得意な人は、外国語の学習は苦手である。
12. 英語は英語が話されている国で学習するのが一番よい。
13. アメリカ人と会って英語を練習するのが好きだ。
14. 英語の単語を知らない場合、推測するのはかまわない。
15. もし、毎日1時間外国語の勉強をすると、その外国語を非常にうまく話せるようになるには、どのくらいの期間がかかるだろうか。
　　　　　(a) 1年以内

　　　　(b) 1～2年
　　　　(c) 3～5年
　　　　(d) 5～10年
　　　　(e) 一日に1時間では言葉は身に付かない。
16. 自分は、外国語を身に付けるための特別な能力がある。
17. 外国語学習の一番重要な部分は、語彙を身に付けることである。
18. たくさん繰り返し、たくさん練習することは重要である。
19. 外国語学習は男より女の方が優れている。
20. 私の国の人々は英語を話すことが重要だと感じている。
21. 他の人と英語を話すとき気後れがする。
22. 入門期の学習者が英語の間違いをしてもよいということになれば、後になって正しく話すようになるのが難しくなる。
23. 外国語学習の一番重要なところは、文法を勉強することである。
24. アメリカ人をもっとよく知るために英語を身に付けたい。
25. 外国語を聞いて理解するより、話す方が簡単である。
26. カセットやテープで練習することは重要である。
27. 外国語を学習することは、他の教科の勉強と違う。
28. 英語学習で一番大切なのは、自分の母語からその外国語に翻訳する方法を身に付けることである。
29. 英語がうまくなれば、よい職を得る機会が増える。
30. 2カ国以上の言語を話す人は頭の良い人である。
31. 英語がうまく話せるようになりたい。
32. アメリカ人の友達が欲しい。
33. 誰もが外国語を話せるようになれる。
34. 英語を話したり聞いて理解するより、読んだり書いたりする方が簡単である。

(E. Horwitz, "Surveying student beliefs about language learning," in Anita Wenden and Joan Rubin, *Learner Strategies in Language Learning*, (c) 1987, pp. 127-8, Prentice Hall, Englewood Cliffs, New Jersey)

アペンディクス2: 学習方略チェックリスト

教師向けのチェックリスト

　自分が英語以外の言葉が話されている国に住んでいると想像してみなさい。(ある特定の国を思い浮かべなさい。)そこでしばらくの間過ごすことになるので、「暮しを成立」させなくてはならないとします。こんな条件のもと、次の基本的な「学習方略」を見て、自分の言語学習の過程において、どの方略を使う可能性が一番高いと思いますか。(高いと思うものに✓を付けなさい。)そして、一番使う可能性が低いものはどれですか。(×を付けなさい。)

1. 主に個人的な重要性をもつ現実的なコンテクストにおいて、言葉を理解し、使う。つまり、概して、言葉を自然に聞き覚えられると思っている。
2. 言葉を聞いたり、読んだりするとき、特定の特徴に注意を払う。(例えば文の構造とか、動詞の時制、談話要素、要点など。)こうして、選択的に焦点を当てる。
3. 一般的な構文や会話表現、丁寧表現、などの決まり文句を練習する。つまり、それらを暗記し、いざというときに使える会話表現のストックとする。
4. 「仮説検証法」によって、既習のものを拡大しようとする。(例えば、「トラック運転手」という表現を学んだあと、タクシーを運転する人を何と言うか推測する。また、飛行機を操縦する人を何と呼ぶかを考える。)
5. 場面を観察し、会話にふと耳を傾け、聞いたり、見たりして、意味をくみ取る。
6. 意味のあるコンテクスト、言語的な特徴、ジェスチャーで示された手がかり、イントネーション、場面などを活用して意味を推測する。つまり、推論するのである。理解における欠陥を埋めるために、メッセージに込められた手がかりや外部情報を活用する。
7. 学習のためのテクニック(例えば、繰り返し、説明、訂正を求めたり、パラフレーズしてそれが正しいか尋ねたりすることなど)を活用し

ながら、ネイティブ・スピーカーと交流する。
8. 間違いをあまり気にせずに自由に話す。絶えず自分が言いたいことに焦点を当てることに努め、どんな方法でもそれを相手に伝えようとする。言い直したり、例を挙げたり、ジェスチャーをしたりするなど。
9. 自分の発言に対する聞き手の現実の反応や感情面の反応を観察する。これに注意深く着目しながら、それに応じて改善を行う。
10. 意味を社会文化的に理解することに焦点を当てる。習慣、期待、解釈、手がかりなど。
11. 自分で自分を見つめ、何が自分の個人的な困難点であるかを特定し、改善のための計画を立てる。
12. 例えば、いくつかの文を比較し、背後にある規則を引き出そうとする。例えば、自分なりのやり方で、言語の一般的な法則や基本原理を探す。
13. 他の人から、言語的、文法的なポイントについての説明を求める。
14. 文法の説明や対照されたものを読む。練習やドリルをやる。
15. 記憶するために記憶術を使う。機械的な暗記をする。
16. 意味を明確にし、記憶するために（図や絵などによる）視覚化を行う。または、文構造を明確にするためにそうする。
17. 特定の音声的な特徴やパタンを覚えておくために音声表記法や個人的な方法を活用する。
18. メモをとり、新項目を書き留める。（意味で分類した）語彙リストを作成する。個人的な学習日誌を付ける。
19. 記憶の強化や口慣らしなどのための反復練習をする。決まった音の連鎖になっているものや音声上の困難点を流暢に発音するための反復練習をする。発音することや音声一般についての純粋な楽しみのためにも反復練習をする。
20. 様々な種類の公共情報に焦点を当て、そこから学習する。（看板、広告、ラベル、列車案内、ラジオ、テレビ、映画など。）
21. 特に専門的に扱ったり、繰り返し触れることで、特定の「分野」の言語に詳しくなる。（例えば、常に同じテレビニュース番組を見て政治や時事問題に使われる言語を知る。また、専門雑誌を読んだり、同好会に入ってある特定の趣味に使われる言語を学習する、など。）
22. 「カセット」コースで言葉を学ぶ。

23. 特定の人工的なコンテクストで言葉の練習をする。(シミュレーション、ゲーム、クロスワードなど。)
24. メッセージを一つのメディア(形式、言語使用域)から別のメディア(形式、言語使用域)へと転換する実験を行う。(例えば、映画の話の筋をナレーションとして詳しく語ったり、もともと雑誌や新聞で読んだ話題について気楽に話し合ったり、同じ話題について個人的な手紙を書いたりする。)
25. リラックスして感覚をオープンにしておく。(そして、吸収する。)

(K. Willing, 1988, *Learning Styles in Adult Migrant Education*, pp. 8-9, Adelaide: Australia: National Curriculum Resource Centre)

アペンディクス3: 知覚別の学習スタイルの好みについてのアンケート

氏名　_____　　学生番号　_____　　年齢　_____
出身国　_____　　母語　_____
男　_____　女　_____　　英語学習歴　_____

指示: 人はそれぞれ違った方法で学習します。例えば、目で見ることを中心に学習する人がいますし(視覚学習者)、耳で学習する人もいます(聴覚学習者)。経験を通して学習することを好む人や実際の体験活動を通して学習することを好む人(身体・触覚学習者)もいます。一人で活動した方が学習しやすい人がいますし、グループで学習することを好む人もいます。

このアンケートは、あなたが一番良く学習できる方法やあなたが身に付けたい方法を見分けるのを援助するために考えられたものです。

次のページの文を読み、あなたの英語学習に当てはめて、それぞれの内容に適切に反応しなさい。それぞれの文の内容に賛成か反対か決めなさい。もし「強く賛成する」のなら、その部分にマークしなさい。

	強く賛成する
	賛成する
	どちらとも言えない
	反対する
	強く反対する

それぞれの文には、あまり深く考えずに、素早く反応すること。一度答えを選んだら、別な答えに変えないこと。

強く賛成する	賛成する	どちらとも言えない	反対する	強く反対する	
					1. 先生が教える内容を話してくれた方が、分かりやすい。
					2. 授業では、何かを実際に行って学習するのが好きだ。
					3. 他の人と一緒に勉強すると、作業がはかどる。
					4. グループで勉強する方が、多くのことを学習できる。
					5. 授業では他の人と一緒に勉強すると、一番よく学習できる。
					6. 先生が黒板に書いたことを読む方法でよりよく学習できる。
					7. 授業で誰かがあることをどうやったらいいか教えてくれると、よりよく学習できる。
					8. 授業で、実際に作業をするとよりよく学習できる。
					9. 読んだ内容より人から授業中聞いた内容の方が覚えている。
					10. 学習内容を読んだ方が、よく覚えている。
					11. 何かを手本にすることができると、多くのことを学習する。

第3章　学習者に焦点を当てる　　　　　　　　　　　　85

12. 学習内容を読むとよりよく理解できる。
13. 一人で勉強すると、よりよく覚えられる。
14. クラスのプロジェクトとして何かを制作すると多くの学習ができる。
15. 授業で実験をしながら学習することが楽しい。
16. 勉強しながら、絵などを描くとよく学習できる。
17. 先生が講義をしてくれると授業でよく学習できる。
18. 一人で勉強すると、よく学習できる。
19. ロール・プレイに加わると授業でいろいろなことが分かる。
20. 誰かの話を聞くと授業でよく学習できる。
21. 2〜3人のクラスメイトと一緒に課題に取り組むことが楽しい。
22. 何かを組み立てると、学習したことがよりよく覚えられる。
23. 他の人と一緒に勉強するのが好きだ。
24. 誰かの話を聞くより、本を読んだ方がよく学習できる。
25. クラスのプロジェクトとして何かを作成することが楽しい。
26. 授業で、関連した活動に参加するとき一番学習できる。
27. 授業中、一人の方がよく勉強できる。
28. プロジェクトは自分だけでやる方が好きだ。
29. 講義を聴くより、教科書を読んだ方が多くのことを学べる。
30. 一人で勉強するのが好きだ。

指示

アンケートにはそれぞれの学習スタイルに関して5つの項目がある。下記にそれぞれの学習スタイルに応じて項目が分類されている。あなたが出した答えは次のような数値に置き換えられる。

　　強く賛成する――5　　賛成する――4　　どちらとも言えない――3
　　反対する――2　　強く反対する――1

下の空所にそれぞれの項目の数値を記入しなさい。例えば、第6の項目に「強く賛成する」と答えたら、「5」を第6項目の横の空所に記入しなさい。
「視覚」の項目の全数値を記入したら、その合計を出し、その合計に2を掛けそ

の結果をそれぞれのスコアに記入しなさい。
　これを他の学習スタイル全てについて行いなさい。終了したら、このページの一番下にある判定基準を見なさい。あなたの主たる学習スタイルが何であるか、あなたの副次的学習スタイルが何であるか、さらに、無視してもよいほど使われない学習スタイルが何であるか、判定できるでしょう。

視覚的
6——
10——
12——
24——
29——
TOTAL ___ ×2＝_____

触覚的
11——
14——
16——
22——
25——
TOTAL ___ ×2＝_____

聴覚的
1——
7——
9——
17——
20——
TOTAL ___ ×2＝_____

集団的
3——
4——
5——
21——
23——
TOTAL ___ ×2＝_____

身体的
2——
8——
15——
19——
26——
TOTAL ___ ×2＝_____

個人的
13——
18——
27——
28——
30——
TOTAL ___ ×2＝_____

学習スタイルの好み(主たるもの)　36～50
学習スタイルの好み(従のもの)　25～37
ほとんど無視できるもの　0～24

(Professor Joy Reid of University of Wyoming)

第4章　教師の意思決定

　教師は指導を行う際に、教育上の意思決定をし、実際に活用する活動内容を形作るが、それらを形作るときに教師のもつ信条が果たす役割については第2章で検討した。この章では、教師の意思決定の本質についてもっと詳しく検討し、これらの意思決定が指導や学習に与える影響について検討することにする。多くの教育者にとって、意思決定は必須の指導能力と見なされている。シャベルソン (Shavelson 1973: 143-5) は次のように述べている。

　　どんな指導行為も、意識的であれ、無意識的であれ、意思決定の結果である。非常に優れた教師を際だたせているものは、例えば高尚な質問ができる能力ではなく、そのような質問をいつすべきかを決める能力である。

　この考え方からすると、指導とは本質的には思考のプロセスである。教師は絶えず多様な選択肢に直面し、その中から特定の目標に最も合ったものを選択することが求められている。教師が選択した内容は、意思決定と呼ばれる (Kindsvatter, Wilen, and Ishler 1988)。指導は、非常に多くの個人的な意思決定を含んでいる。授業が始まる前に、計画を立てなくてはならない。この段階での意思決定は、計画意思決定 (planning decision) と呼ばれる。授業そのものが進行している間には、別な意思決定がかかわっている。教師は、授業の様々な面に関して即座の意思決定をしなければならない。その多くは、事前に計画されたものではないのである。これらは、相互作用的意思決定 (interactive decision) として知られている。授業が終わったあと、その効果やその後の授業をどのように展開するかについて意思決定しなければならない。これらは評価的意思決定 (evaluative decision) として知られている。これら3種のタイプの意思決定が、この章の焦点である。

計画意思決定

　教師は、どの程度授業の計画を立てるか、またどんな計画の立て方をするかで一人一人違う。中にはマクロ的な計画を立てたり、コースや授業についての大まかなゴールを設定し、これらを使って毎日毎日使う授業案を作る人もいる。ESL のリーディングを指導する教師を対象にした研究の中で、リチャーズ (Richards 1990: 95) は、この教師が授業を運営し、組織するために、指導目標を活用していることを知った。

　　教師はコース目標の記述を活用して計画を立て、自分の指導を組み立てる。観察された授業について、教師は、その授業で達成することが目指されていたことやその目標がどのように達成されたかを明確に述べることができた。教師が活用した目標は、それが行動目標として述べられたものではなくても、自分の意図を明確にし、はっきり述べる手段となったり、適切な学習経験を選択する手段になった。

　別な教師たちは、ミクロ的なレベルで多くの仕事をしている。必ずしもコース全体のゴールや目標に絶えず関連させることなく、一日ごとのレベルで計画をたてることが多い。

　教師研修の初期において、教師は自分が指導する全ての授業の教案を作成するよう勧められるのが通例である。教案は、教師が授業を効率よくそして効果的に組織することを援助するためのものであり、ふつう、授業のねらいや目標、生徒が行う行動、それぞれの活動に必要な時間、使用する教具、活用される指導方略、個々の活動に採用されるグループ編成、出現する可能性のある問題点、可能な代案などの記述を含む。

　授業計画について、ある考え方の人々は授業の終わりの時点で期待される学習成果についての記述を含めるべきであると主張している。これらの学習成果は、行動目標として表現されることがある。行動目標には次のようないくつかの次元がある。

1) 主体としての生徒
2) 身に付けるべき行動やパフォーマンスを示す動作動詞
3) 学習して身に付けた内容を生徒が実際にやって示すときの条件
4) 指導後に求められる最低限のパフォーマンスレベル

(Findley and Nathan 1980: 226)

例えば、文法の授業で、教師は次のようなものを目標に含めることがある：

　生徒は自分たちのことについて、live, go, study, like, be, have などの動詞の現在形を使い、文法やスペリングの間違いが3カ所程度くらいで、短いパラグラフを書くことができるようになる。

話す技能を伸ばす授業では、目標の一つとして次のようなものが考えられる。

　生徒はあいさつやいとまごいなどを含む短い会話のやりとりを練習する。社交的な場面を含んだ教室でのロール・プレイ活動に参加し、教師や他のクラスメートとあいさつを交わす。

ニューナン（Nunan 1988: 61）はこのようにコースや授業の目標を明示することで次のようなことを達成できると指摘している：

学習者は与えられたコースで何が達成できるか、より現実的な認識をもつことができる。
学習とは達成可能なゴールを少しずつ積み重ねたものであるという見方がなされるようになる。
生徒は、言語学習者としての自分の役割についてより明確な意識を持ち、学習者であることについての漠然とした認識が鋭いものになる。
自己評価がよりうまくできるようになる。
教室での活動が学習者の現実的なニーズに結びついたものとみなされるようになる。
技能の進歩を、全てかそれとも無かというように受け取るのではなく、少しずつ高まるものとしてとらえることができる。

ブリンドレー（Brindley 1984）は、成人移民の ESL 学習者を対象にしたプログラムにおいて教師は目標をどのように活用しているかという研究をしているが、その中で、教師が語る目標は、学習者が何をするようになるかということより、教師が何をし、どんな言語内容が提供されるかに関することが多いという傾向があることを発見している。彼は、教師が目標を活用する方法を次の4つに分類している。

指導上のゴール　多くの教師は教師の役割という観点から目標を述べている。そのような目標は次のようなものである。

- 話すことや聞くことにおける学習者の自信を伸ばす。
- 学習者であるということはどういうことであるかについて学習者の認識を活性化する。
- 学習者の自立性を高める。
- 生徒がそれぞれの課題を認識し、それらの課題に対応できるように援助する。

コースや言語内容についての記述　教師はコースの目標を、次のように、指導すべき題材や行うべき活動という観点から表現する。

- 聞くことの技能に集中する。
- 本物の、身近で、現実的な英語でのインプットを提供する。
- 英語で謝罪をするときの表現を教える。
- "going to" の考え方を教える。
- 学習者に現在完了形の使い方を練習させる。

学習内容の量　教師の中にはどの程度まで教材を指導するかという観点で目標を述べる人たちもいる。

- 教科書の関連する練習問題をカバーする。
- 教科書の大半を仕上げる。

学習材料　教師は、使用する教科書や教材という観点で目標を表現することもある。

- オーセンティックな話し言葉を生徒に提供するためにラジオからとった録音教材を使用する。
- 発音の教科書を使って英語の音声の指導をする。
- 読本から取った物語のある一編を示す。

以上のような情報は、教師が目標をどのように活用しているかについての他の調査で得られた知見を裏付けるものになっている。教師は、ふつ

う、教員養成プログラムで活用するようにと教えられたような行動目標をもとに授業計画を立てているのではない。むしろ、授業を一連の活動(例えば、教室で生徒が行うタスクのようなもの)としてや、指導の決まった手順(例えば、どのように授業を運営するかなど)として計画立てたり、特定の生徒のニーズに焦点を当てることが多いのである (Clark and Yinger 1979; Freeman 1992b)。中には、授業を計画するとき、目標という観点から考えるのではなく、ある特定のクラスや特別な生徒グループを思い浮かべることが多いことを報告している教師もいる。ESL の生徒にリスニングを教えているある教師は自分の計画について次のように述べている。

> 確かに目標を明確にするようにしていますが、それでも私の計画の立て方は、活動やクラスの光景を思い浮かべることから始まります。これら授業での光景を浮かべてはじめて、自分が今やっていることをなぜやっているのかなどと分析し始めることができるんです。また、生徒と対話をする必要もあります。だから、生徒からの何らかのインプットがなく抽象的に物事を形作るのは私には難しいんです。つまり、私の計画作成は、何重にも積み重なった仮説や経験、知識などに基づいてなされるのです。自分がする意思決定の理由を知るには深く掘り下げなくてはならないのです。(Fujiwara 準備中、Freeman 1992b: 3 に引用)

別の先生は自分のライティングの授業計画の立て方を次のように描写している。

> まず、前の授業でどこまで進み、最後に生徒に課したライティングの課題で生徒がどんな点で困難を感じたかを考える。次に、授業の間ずっと生徒に興味を与えることができ、このため、ライティングにおける生徒たちの特定の困難点に対応でき、前にやったことがらの土台のうえに積み上げられるようなトピックを考える。

教師が活用する計画立案上の選択肢は、その教師の指導観や学習観を反映している。教師の中には、授業は自然の流れをもつものであり、詳細な授業計画は教師の選択の幅を制限し生徒のニーズや興味に応じるのを妨げることがあると言う人がいる。また別の教師たちは、詳細な授業計画がなければ、やるべき課題から脱線してしまい、あらかじめ決めておいた授業内容をカバーすることができない可能性があると感じている。さらに、詳

しさのレベルは違いがありながらも、授業案を事前に書き記しておいて授業を行う教師がいる一方、何も書き記すことはないが、頭の中に描いた授業案をもとに授業をする教師もいる。

　計画意思決定は省察の過程を経たあとになされる（Neely 1986）が、その過程において、教師は次のような課題を考察するのである。

- この授業で自分の生徒に何を学んで欲しいのか。
- どうしてこの授業をすべきなのか。
- この授業の内容を自分はどれだけ理解しているか。
- この授業にはどんな活動を含めるのか。
- この授業は生徒が既に知っていることとどんな関連をもつのか。
- それぞれの活動にどれだけの時間が必要か。
- 授業をどのように組織して、段階や区分に分けるのか。
- 授業をどのように開始し、終了するのか。
- このクラスにとって授業は簡単すぎたり、難しすぎたりすることがあるか。
- クラスの生徒の異なる能力レベルをどのように扱うのか。
- 少人数の生徒に対応している間、他の生徒たちにどのような気を配る必要があるのか。
- 授業中注意を払う必要があるような特別なニーズをもった生徒は誰か。
- 生徒の理解をどのように調べるのか。
- この授業では自分はどのような役割を果たすのか。
- 規律と授業運営のためにどんな技術を取り入れるのか。
- どのようなグループ編成法を活用するのか。
- この授業では、授業妨害を少なくするために授業へのじゃまにどう対処するか。
- 授業において何か問題が生じた場合、代わりの授業案としてどんなものがあるか。
- もし時間が足りなかったり余ったりしたらどうするか。

〈ディスカッション〉
1.　自分の授業案作成方法や授業案の本質について、パートナーや同

僚たちと話し合いなさい。どんな計画が必要だと思いますか。授業案を作成する目的としてどんなものが考えられますか。
2. もしクラスを指導しているのなら、自分が教えている授業の記録を取りなさい。それと、自分の授業案とを比べてみなさい。自分の授業案とどのように離れているのか。それはなぜか。もし授業を見学しているのなら、その授業を担当した先生の授業案とあなたが取った授業記録とを比べてみなさい。
3. 2～3人の教師にインタビューをして彼らが授業案作成にどのように取り組んでいるか調べなさい。彼らは、書いた授業案か頭の中の指導案を活用しているのか。そのような授業案の在り方を好む理由は何か。彼らは授業案を作成する際にどんなことを考慮しているか。彼らの方法で似ている点は何か。教師が授業案作成方法で示す違いはどのように説明できるか。
4. 次に掲げたのは、基本レベルのサバイバル技能を指導する語学コースの行動目標の例です。
―口頭でのリクエストに応じて、生徒は英語のネイティブ・スピーカーに自分の氏名、住所、電話番号を告げ、試験官が100%正確に書き留めることができるように、自分の名前や通り、町の名前のスペルを言う。
―4段階の動作をするようにという口頭での指示を受け、学習者はその指示に100%正確に従う。
(Findley and Nathan 1980; 226)
あなたは以上の目標はどのぐらい役に立つと思いますか。
5. アペンディクス1に示されている授業案作成へのガイドラインをよく調べなさい。あなたは授業案の作成をするとき、どの程度このようなガイドラインに従っていますか。

相互作用的意思決定

　計画意思決定は授業の始まりの部分を形成するが、それだけで授業中に起こることの全てが決まるわけではない。授業とは本来ダイナミックなもので、ある程度予期せぬことが起きるものであり、絶えず変化するという

特徴をもっている。したがって教師は、自分が教えている授業の特殊なダイナミックスに合った適切な意思決定を絶えず下すようにする必要性がある。この種の意思決定は相互作用的意思決定 (interactive decisions) と呼ばれている。パーカー (Parker 1984: 270) は次のように述べている。

　　指導 = 学習状況は変化するものであり、教師の行動はそれに応じて変化しなくてはならない。したがって、教師にとって基本的な課題は、自分の行動が、教室の動的で、刻一刻と変化する複雑さに応じて絶えず適切なものになるように行動し、意思決定をするためには、唯一絶対の方法はないということを認識することである。

　適切な相互作用的意思決定を下すことができる能力は、明らかに、必須の指導技術である。なぜなら、相互作用的な意思決定により、教師は指導に対する生徒の反応を評価し、学習を最も適切に支援するために自分の指導を変更することができるようになるからである。授業案だけによって導かれる指導をし、指導と学習過程における相互作用的なダイナミックスを無視するような教師は、生徒のニーズに適応できる可能性が低くなる。

　相互作用的意思決定にはいくつかの構成要素がある。

　自分の指導をチェックし、授業の特定の時点で起きていることを見定めること。
　いくつかの異なる行動方針が可能であるということを認識すること。
　特定の手順を選択すること。
　その選択の結果を評価すること。

　自分自身の指導をチェックし、それをその場の特定の状況において適切かどうか評価することができる能力は相互作用的意思決定には非常に重要なことである。それは、授業が進行している間に授業を観察しながら、次のような質問を問うことを意味する。

・生徒はこれが分かっているだろうか。私の説明は明解であり、理解されているだろうか。
・この活動に生徒をより一層参加させる必要があるだろうか。
・これは生徒には難しすぎるだろうか。
・この指導を別なやり方で行うべきだろうか。

第4章 教師の意思決定

- これはあまりにも時間がかかりすぎてはいないだろうか。
- この活動は計画通り進行するだろうか。
- どうしたら生徒の注意を引きつけられるだろうか。
- 生徒はもっと情報が必要だろうか。
- この活動では正確さの面を改善する必要があるだろうか。
- この活動は授業のねらいと合っているだろうか。
- このタスクを行うのに必要な語彙を生徒は身に付けているだろうか。
- これで、生徒が本当に知る必要があることを教えているだろうか。
- 生徒にやらせないで、教え込みすぎていないだろうか。

　自分の指導をチェックし、評価をするときに、教師は (1) 授業はうまく進行しているので、このまま続けようとか、(2) 問題点があると分かったので、それに対応するために何かしらの中断を行おうとか、意思決定をすることがある。

　次の相互作用的意思決定の例は授業日誌に記された授業の説明であるが、そこでは、教師が見出した問題点とその結果その教師が行った意思決定が記されている。

　　リーディングのクラスで、読みの課題を与えたあと、その読みに対応した書くタスクの準備をさせるために、短いグループ・ディスカッションを計画していた。しかし、生徒がグループ・ディスカッションのタスクを始めると、この活動が生徒の興味を引き起こし、一人一人の生徒の参加度も非常に高くなった。そこで、私はグループ・ディスカッションの活動を広げ発展させることに決め、もともと授業の主要な焦点として計画していた書くタスクをやめることにした。

　　リスニングとスピーキングの授業で、授業案にディクテーションを入れておいた。また、オーセンティックな会話を聞かせる練習をすることも計画していた。しかし、授業が半分進んだところで、私はディクテーションが生徒の流暢な口頭能力を伸ばすこととあまり関係がないことに気付いた。そこで、ディクテーションをやめて、生徒に本物のコミュニケーションに触れさせるためにオーセンティックなリスニングの活動にもっと時間を使うことにした。

　　昨日、エッセイを書く前に生徒にブレイン・ストーミングをさせたかった。もともと、個別に活動し、自分の考えをリストにすることを計

画していた。しかし、始めて数分後に、生徒が自分で考えを思いつくのに苦労しており、あまりにも何も思いつかない様子であるのに気付いた。そこで、生徒に活動をやめさせ、ペアや小グループで考えたいか生徒に聞いてみた。生徒は小グループで作業をする方がはるかに良いと答えたので、いすを並べ替えてグループを編成させた。

ジョンソン (Johnson 1992b) は、TESOL の修士課程に在籍している6名の教職志望者が行った相互作用的意思決定のタイプと頻度を研究するため、実際の教室での指導をビデオに撮った記録を活用している。彼女は、このグループの教師が行った意思決定は次のような指導の各面に関連していることを明らかにしている。

意思決定のタイプ	頻度
生徒の動機と授業への参加	17%
生徒の言語能力と技能	8%
生徒の情緒的ニーズ	6%
生徒の理解度	37%
科目内容	8%
カリキュラムの統合	9%
指導運営	15%

(Johnson 1992b: 127)

ウッズ (Woods 1991) は教師の信条システムと彼らが行う意思決定の間にある関係を指摘している。彼は、大学の ESL コースで同じプログラムを指導している二人の教師のケース・スタディについて述べているが、その一人 (A 教師) はカリキュラムに土台を置いたアプローチをしているとされた。つまり、教室活動の実行に関する意思決定が、主としてカリキュラムに応じて事前に決められているものに土台を置いてなされるものである。もう一人の教師 (B 教師) は生徒に基本を置いたアプローチを取っていた。つまり、意思決定は、教室のある時点における特定のグループの生徒に関連した要素に主として基礎を置いてなされるものである。両方の教師は所定のカリキュラムに従っていたが、コース期間中ずっとかなり異なった意思決定をしていた。

A 教師は、計画されたカリキュラム内容を達成したという視点から、

自分の意思決定を説明し評価した。相互作用的意思決定における彼女の関心は、主に生徒が教材を理解したかどうか、彼女の説明に順応でき、そして従っているかどうかという点にあった。B教師の意思決定は、生徒からのインプットや生徒のもつ特性などが自分の指導の方向性を決める際に果たす重要な役割に対する彼の態度を反映している。彼の役割は、生徒のニーズを見定め、コースの計画作成や実際の授業中の意思決定の両方において、何をすべきか、それをどのように実行するかを決める際の土台として、彼らのニーズを活用することにある。ウッズは次のように結論付けている。

　それぞれの教師において、次のようなことをはっきりと示す証拠が見られた。
1. コースの計画作成や実施における意思決定は、それぞれの教師の内面において一貫性をもつものであり、心理のより深層に横たわる、言語についてや学習と指導などについての仮説や信条と一貫性をもつものである。しかし、
2. いくつかの特定の局面において、二人の意思決定や信条は相互に非常に異なっている。　　　　　　　　　　　(Woods 1991: 4)

〈ディスカッション〉
1. 授業中、教師はどのような種類の相互作用的意思決定をする必要があると考えますか。いろいろな種類の意思決定のリストを作成し、それらを、授業を効果的に行うためにはいかに重要であるかという観点から順位をつけなさい。
2. ジョンソン (Johnson 1992b) から引用された相互作用的意思決定のタイプ (p. 96) を参照し、この分類にこれ以外のタイプの相互作用的意思決定が加えられるかどうか考えなさい。
3. 相互作用的意思決定と指導の質との間にはどのような関連がありますか。相互作用的意思決定を多くすれば、よりよい指導につながるというのは本当でしょうか。
4. 授業のあと、その授業を振り返って自分が行った相互作用的意思決定をリストアップしなさい。これらの意思決定がどのように授業

> に影響したでしょうか。また、もし人の授業を観察したのなら、授業中その教師が相互作用的意思決定をした瞬間をとらえるようにし、どのような意思決定がなぜ行われたか考えなさい。可能ならば、自分の作成したリストについてその教師と話し合いなさい。
> 5. pp. 94-5 の質問を見なさい。あなたはこれらの質問をどの程度考慮しているでしょうか。また、これ以外のどのような質問が相互作用的意思決定につながっていくでしょうか。授業中の出来事で、これらのような質問をあなたに考えさせるものにはどのようなものがあるでしょうか。

評価的意思決定

評価的意思決定（evaluative decisions）とは、教師が授業を終えたあとに行うものである。それは、授業について次のような質問をすることから生じてくる。

- 授業はうまく行っただろうか。それはなぜうまく行ったのだろうか。なぜうまく行かなかったのだろうか。
- 授業の良い点と悪い点は主に何だっただろうか。
- 生徒は学ぶべきことを学んだだろうか。
- 生徒が授業から得たものは何だろうか。
- 授業は生徒のニーズに応じたものになっていただろうか。
- 授業の難しさは適切なレベルのものだっただろうか。
- 全員の生徒が授業に参加していただろうか。
- この授業は教科内容に対する生徒の興味を喚起しただろうか。
- 私は授業準備を十分しただろうか。
- 授業のある部分をもう一度教える必要があるだろうか。
- この授業の続編として何をすることが適切だろうか。
- 別な指導方法を採用すべきだっただろうか。
- 次回もこの教材を同じ方法で指導するだろうか。

第4章 教師の意思決定

　RSA ディプロマ[1]のような海外の英語教師向けの教員研修計画は、通常、授業の評価のための規準が示されている。例えば、「多言語学校カリキュラムにおける英語教育のための RSA ディプロマ」では、候補者は授業準備と授業実践(アペンディクス 2 を参照のこと)の両方の点から評価される。そのような評価方法は、研修プログラムの基盤となっている指導哲学(例えば、コミュニカティブ言語教授法の原則のような)を反映している。

　しかし、自分の指導を評価する際、教師は、通例、良い指導を構成するものは何かということについての自分自身の個人的な信条システムに判断の基準を置く。ウッズ(Woods 1991)は、教師の評価的意思決定が、言語の学習や指導において彼らが基本的にもっている仮説や信条と対応していることを見出している。従って、例えば、カリキュラムに基盤を置いた指導法をとっている教師は、教材をいかに明確に説明し、カリキュラムに則って計画したことをいかにうまく行ったかという観点で、自分の授業を評価した。活動が成功したかどうか、生徒がうまく反応したかどうかを、その授業の指導案や、全体のカリキュラムや所属する機関が設定する目標によって定められたより大きな計画に照らし合わせて、自分が望むところまで到達できたかという観点から評価したのである。一方、生徒に基本を置いたアプローチをとった B 教師は、生徒のゴールとか特徴などという観点から自分の授業を評価している。例えば、ある時点で、彼は「私は教材にあまりにも強調を置きすぎてしまい、生徒のニーズにそれほど注目しなかった」と述べている (p. 13)。

　リチャード、ホウ、ギブリン(Richards, Ho, and Giblin 1992)たちは、UCLES/RSA Certificate in Teaching English as a Foreign Language to Adults を取得しようと研修している教師が採用している意思決定方法を研究した。研修プログラムの 10 週間にわたる教育実習についての教師による評価を研究して、彼らは、はじめのうち教授手法の効果について多く

[訳注]
　1. RSA は the Royal Society of Arts の略。イギリスの組織で、UCLES (University of Cambridge Local Examinations Syndicate) と協力して、English as a Foreign Language の試験を実施している。RSA Diploma はこの組織が提供している Diploma in Teaching English as a Foreign Language to Adults を意味していると考えられる。

関心を持っていたのが、指導についてのより全体的な評価へと変わること、つまり、研修者が授業の細かい技術に焦点を当てることが少なくなり、授業における構成、相互のつながり、生徒の参加度などの次元に焦点を当てることが多くなったという変化に気付いた。

　指導において個々のものを見る原子論的な見方からより全体的な見方へと変わるこの変化が出現するにつれて、たいていの研修者は授業を教師を基盤において見る見方から生徒中心の視野へと移動し始める。この移動は、コースが進展するにつれて、教師中心の気配りからより生徒中心の配慮へと移ることに反映された。このように、初期の頃、教師たちは、教材を活用したり、授業における新教材提示練習や発表段階を組み立てたりするなど、授業の様々な局面を運営することに非常に意識的であったが、後になると、彼らの注意は授業が生徒に与える効果へと移っていった。　　　　　　　　　　　　　(Richards et al. 1992: 22)

この研究は、教師が指導における経験を積み、指導についてより深い概念化を進めるにつれて、指導を評価するために活用する評価規準が、彼らの新しい仮説、信条、認識レベルを反映して変化することを示している。リチャードたち (Richards et al. 1992) は、また、教師たちが行う評価的意思決定は、次の段階で行う計画意思決定へのインプットを提供することを見出した。このように、計画、相互作用的、評価的意思決定はそれぞれ相互に関連しているのである。

〈ディスカッション〉
1. あなたの授業の効果を評価するためにどのような規準が適切だと思いますか。これらの規準はあなたの信条システムとどのように関連していますか。
2. 最近教えた、または、観察した授業を思い浮かべなさい。その授業について、この節にある質問に対してあなたはどのように答えますか。これらの質問に対するあなたの答えは、このクラスの次の授業向けの計画意思決定にどのように影響するでしょうか。
3. もしあなたが授業を教えている場合、授業の前に、授業で達成し

ようと望む主要なゴールのリストを作りなさい。授業が終了するとき、生徒に5分間を与え、以下の質問に答えさせなさい。

a．この授業の主要なゴールは何だったと思うか。
b．この授業から何を学習したと思うか。
c．授業のどの面が一番好きだったか。それはなぜか。
d．授業のどの面が一番嫌いだったか。それはなぜか。

生徒が答えを書いている間、あなた自身b, c, dの質問に答えなさい。次に、自分の答えと生徒の答えとを比較しなさい。どの程度同じで、どの程度違っているでしょうか。生徒は授業のゴールをどのように特定したのでしょうか。生徒はどのように授業の有用性を評価しているでしょうか。

もし、あなたが授業を参観しているのなら、その授業をした教師の許可を得て、授業の終わりに次の質問に自分で答え、その答えと授業者自身の答えとを比較しなさい。

a．この授業の主要な目標は何か。
b．学習者はこの授業から何を学習したと思うか。
c．授業のどの部分が一番好きだったか。それはなぜか。

4. アペンディクス2にある授業計画と授業を評価する際の規準を見なさい。これらの規準はあなたの授業を評価するのに適していますか。その理由は？ あなたの授業を評価するのに使えると思うチェックリストを作成しなさい。それをあなたのパートナーや同僚が作成したものと比較しなさい。それらはどの程度似ていますか。

発展活動

▶日誌活動

1. あなたがクラスを指導しているのなら、最近教えた授業について思い浮べてみなさい。その授業の計画をどのように立てましたか。(例えば、目標を考えましたか。クラスや活動を思い浮かべましたか。まず、活用できる教材を考え、それからそれらをどのように活用するかを考えましたか。) 日誌にこの授業の計画を立てるのにどのような方法をとったか

を描写しなさい。これは、あなたのいつもやる方法だと思いますか、それとも普段の計画方法からそれたものだと思いますか。
2. 最近行ったり観察した授業を思い浮かべなさい。授業中にどのような相互作用的意思決定が起こりましたか。これらの意思決定はあなたの（または、観察した教師の）信条システムをどの程度反映しているか述べなさい。
3. あなたがクラスを指導しているのなら、今後の数週間のあなたの指導においてあなたが行った主要な相互作用的意思決定の記録を取っておきなさい。これらの意思決定を、ジョンソンが使った方法 (p. 96) や自分の方法に従って分類しなさい。あなたの意思決定に何か決まったパタンを見出すことができるでしょうか。あなたの相互作用的意思決定はあなたの指導の質に影響を与えているでしょうか。

▶記録活動

あなたがクラスを教えているのなら、自分の授業を音声テープやビデオで記録しなさい。授業を振り返って、自分が行った相互作用的意思決定を書き留めなさい。何がそのような意思決定を促したのでしょうか。一つの行動を選択する前に他にどのような代案を考えたでしょうか。あなたが行った意思決定はあなたの指導や学習についての信条システムのある面をどのように反映しているでしょうか。自分の意思決定が一番適切なものだと思いますか。どうしてそう思いますか。どうしてそう思わないのですか。

あなたが授業を観察しているのなら、その授業を音声テープやビデオで記録する許可を得なさい。記録を振り返って、授業の主要な部分で相互作用的意思決定が必要だった箇所を特定しなさい。どのような意思決定がなされ、その理由は何だったでしょうか。それぞれの時点で教師はその他にどのような意思決定をすることが可能だったでしょうか。

▶授業記録

あなたがクラスを教えているのなら、アペンディクス 2 にある評価方法を使ったり、自分の評価方法を使って、1～2 週間の間自分の評価的意思決定を記録しなさい。あなたの指導のどの面に一番満足していますか。どの部分を改善したいと思いますか。

第4章　教師の意思決定　　　103

▶授業観察

1. 授業計画をもとに指導をしている教師の授業を観察できるよう手配しなさい。授業を観察しながら、教師が授業計画からそれているところを記録しなさい。授業後、あなたが手に入れた情報についてその教師と話し合いなさい。どのような相互作用的意思決定をしたため、その教師は授業案からそれることになったのでしょうか。
2. 授業を観察して教師が相互作用的意思決定をしているところを見定めなさい。その教師が行ったと思う意思決定を描写し、どうしてそのような意思決定をしたのかを描写しなさい。授業後、あなたの分析をその教師とともに確認しなさい。あなたが見つけた意思決定は、ジョンソンが使ったカテゴリー (p. 96) に従ってどの程度分類できるでしょうか。

▶相互観察

自分の授業を観察してもらうよう同僚を招き、授業の主要な部分で相互作用的意思決定が起こったところを見つけてもらいなさい。授業後、あなたの同僚が見つけた情報について話し合いなさい。その観察者は授業においてあなたが重要な相互作用的意思決定をしなければならなかった箇所に気づいたでしょうか。その同僚が正しく気づいた意思決定について、その人はあなたと同じ意思決定をするでしょうか。

アクション・リサーチ　ケーススタディ 2

[学習者とコースの内容について話し合う]
　このプロジェクトは、EFL 環境で教えている中等教育担当の教師によって実践された (Stanley 1990 の翻案)。

初期省察
　私は、もし生徒が自分の学習内容や学習方法についてもっと多くの発言権があれば、生徒は英語を使うようになるのかということを知りたいと思っていた。もし授業中行われる活動の種類を計画立てる際に生徒がより大きな役割を果たすなら、彼らはより多く動機付けられ、それにより、目標言語をより幅広く使用するだろうと考えていた。私はカリキュラム上の交渉がどの程度目標言語の使用に影響を与えるかについて興味をもってい

たので、自分のアクション・リサーチ計画を導くため次の質問を掲げることにした。「授業の内容と構造を生徒と交渉することは彼らの目標言語の使用率を高めるか」

計画

まず、生徒が授業で何をしたいかを知りたいと考えた。そこで、生徒向けのアンケートを作成した。また、次の学習単元において彼らがやってみたいと考える活動を提案するように求めた。アンケートの結果、ゲームが一番人気のある活動であることが分かった。生徒はゲームが英語を学習したり話したりすることを促進させていると感じていた。

この発見で、私は自分が授業の中でゲームをいかに活用しているかについて考えさせられた。私は授業中ゲームを奨励したが、しかし、実際にはゲームは生徒がある決まった活動を達成したあとだけに行っていたのである。そこで、今度は自分の授業に組み入れることができるような多様なゲームを計画した。

アクション

私は4つの異なる一連の活動を活用したが、それらはゲームであったり、結果としてゲームになったものである。授業でこれらの活動を実行したとき、同僚を招いて授業を観察してもらい、生徒の目標言語の使用について焦点を当ててもらった。また、日誌、音声テープの録音、記録用紙、インタビューなどを活用して情報を集めた。

観察

集めた情報から、生徒は、どの授業においても、積極的に英語を話すことに取り組み、誰もが参加し、様々な種類の活動を行うことを楽しみにしていることがうかがえる。私の日誌を見てみると、自分が、以前よりも授業の計画を立てることやゲームをいかに授業に有機的に取り入れていくかを考えることに時間を使っていることが分かる。

省察

活動に関して生徒と交渉することはうまくいったと思う。生徒が目標言語を使う比率は、彼らの英語学習への動機とともに増加している。このプロジェクトは、(a) 生徒は実際に何かを行うことで学習する、(b) 生徒は学習の内容や方法について何かしらのインプットがあれば、言葉をうまく学習することができるだろう、という私の信条を改めて強固なものにした。

アペンディクス1： 授業計画のためのガイドライン

ねらい：何を指導すべきか

1. 主な指導のポイントを決める。それは新しい文構造(文型)であることもある。もしそうであれば、焦点を置くべき用法を取り出す。または、それがいくつかの言語形式で表現されるようなある特定の機能であるかもしれない。どちらであっても、授業に含めるべき言語形式のリストを作成する。以上のやり方と違って、ある特定の技能(リーディング、ライティング、リスニング、またはその他の活動)を主な指導項目にすることもある。この場合、取り立てて新しい言語項目を含めることはないが、それでも、授業には何かしらの中心的なポイントや主要なねらいがあるべきであり、授業にいろいろなタイプの活動をバランス良く取り入れようとする試みは必要である。
2. 取り出された文型(もし文型が主な指導ポイントの一部である場合であるが)に関しては、どのような指導が練習段階で試みられるべきであろうか(制限的なもの、より自由度の高いもの、全く自由なものなどがあるが)。これにより、どんなタイプの活動を取り入れるかが決まる。
3. あなたが考えた活動にふさわしい場面を選択する。もし、教科書によって、活用すべき場面が決められているのであれば、その場面を設定し導入する方法を考えなさい。
4. この(これらの)場面にはどのような新しい語彙がふさわしいか。
5. どのような音声的問題点や指導事項を含めるべきか。

活動：授業で何を行おうとしているのか

1. 上の「ねらい」において決定したことを念頭に置きながら、主な指導項目を導入し練習するためにどんな段階を踏むか計画する。
2. これらの段階のタイミングをはかる。授業は盛りだくさんすぎないか。余った時間があるか。
3. もし盛りだくさんすぎたら、目標を単純化し、あまり欲張らないようにする。もし時間が余るようなら、どのような追加の活動を適宜はめ込むことができるか(はじめのところで、ウォーム・アップ活動が必要か。終わりのところで簡単な活動、例えば、歌やゲームを追加することがで

4. この段階で次のようなことを考慮する。自分の立てた略案は活動の適切なバランスをもっているか。異なる技能(読む、書く、話すなど)は正しい比率を保っているか。生徒の集中度に合わせていろいろ違った学習ペースが設けられ、授業のそれぞれの段階では適度な疲労感があるか。もしそうでなければ適切な変更を行う。
5. 略案とそれぞれの段階の時間配分を完成させる。これを書き出す。

教具: どんな教具を使うか
1. どの教具がもっとも効果的か。
2. それらは十分に変化に富み、魅力的なものか。
3. それらを十分に活用しているか。
4. 黒板も教具であることを忘れてはならない。事前に板書計画を詳細に立てること。
5. 今までに計画されたそれぞれの段階の脇に使用する教具のリストを挙げる。

予期される課題: どこが失敗しそうか
1. どんな間違いが起こりそうか推測しなさい。どうしてそんなことが起こるのか。これらを解決するための代案を考えなさい。
2. もし「困難な」クラスを担当しているなら、授業目標を立てる前に第10章を見て、そのグループの生徒向けの特別な授業案を立てなさい。
3. 音韻上の深刻な問題がありそうなら、それらを簡潔に扱う方略を考え、適当な音韻上の練習活動を含めなさい。
4. どんなに周到に計画されていても、授業は計画通りうまくいくとは限らないことを念頭に置きなさい。授業計画を実行する際のフレキシビリティーこそ良い教師の証である。授業をあまりに細かく計画立てることは危険である。予期しないことが起こった時には、ある程度は自分の経験や直感に頼る必要がある。

さてそれでは、目標をまずはじめに掲げて、自分の授業計画の詳案を書きなさい。簡潔に明快に、そして指導の際実行しやすい案にしなさい。

全般的観点： 授業はうまくいくだろうか
　最後に、実際の授業を始める前に以下の全般的な質問を考えよう。
1. この授業で生徒は何かを学習するだろうか(上に述べた目標と一致すると良いが)。
2. 生徒は授業を楽しむだろうか。楽しく、変化に富み、満足できる授業になるだろうか。
3. 授業は全体としてまとまりや目的が感じられるだろうか。
4. この授業は以前のものとうまく連携がとれているだろうか。以前の学習の上に築かれているだろうか。
5. この授業はあとに続く授業の活動にうまくつながっていくだろうか。また、新しい知識や実践分野を拓くものだろうか。

(P. Hubbard, H. Jones, B. Thorton, and R. Wheeler, 1983, *A Training Course for TEFL*, pp. 319–21, Oxford University Press)

アペンディクス 2： 授業準備、実際の授業、授業運営を評価するための仕組み

Section 1　授業準備

　被験者から提供されたメモを使い、次の各項目について被験者が行った準備についてコメントしなさい。　　　　　　S　　　Comments

a) 学校のカリキュラムや学習者のもつ社会的・文化的ニーズとの関連性
b) 現在進行している作業との統一性
c) 当該の課の学習課題の分析
d) この課の学習目標
e) この課の英語の言葉としての課題の分析
f) この課の言語的目標、及びそれと各学習者や学習者グループの言語能力レベルとの関係
g) 教材選定の適切さ
h) 活動計画の適切さ

i) この課の構成の適切さ
j) 全体的な反人種差別的な視点
※Sの部分には、もし「満足すべき」であればチェックを記入する。そしてコメントをつける。

Section 2　実際の授業と授業運営

バイリンガル学習者の英語能力の発達を助けるようとする被験者の能力について、以下の観点からコメントしなさい。　S　Comments

a) 明晰な説明と英語使用のモデル
b) 教師と生徒間の効果的なやりとり
c) 授業の効果的な構成と運営
d) 多様な活動
e) 効果的な教材
f) 理解の補助
g) 学習者が現在持っている技能や知識を活用する機会
h) 英語の使用能力を高める機会
i) 生徒同士でやりとりする機会
j) 学習の効果的なモニター
k) 各学習者とそのコミュニケーション上のニーズに適切な環境

(M. J. Wallace, 1991. *Training Foreign Language Teachers: A Reflective Approach*, pp. 138-9, Cambridge University Press)

第5章　教師の役割

　教師の仕事の仕方や、教師が目標達成のためにとる特定の方略に影響を与える要因はたくさんある。教師がおかれている状況は実際の指導に大きな影響をもっている。なぜなら、異なる指導状況において、教師は異なる役割を果たすことを求められているからである。例えば、状況によっては、教師はかなり自主的であることができ、コースの目標や教材、指導法、評価手順について自由に決定できる。他の状況では、これらの意思決定は監督者やプログラム・ディレクターによってなされ、教師はもっぱら他の人によって作成された決定を実行する者と見なされる。また、教師が教え方について主たる責任を持っている場合でも、教室の中では非常に異なった役割を担うことがある。教師によっては、自分の役割を主として組織運営的なものと見ている人たちもいる。彼らはかなりの時間を使って、授業計画を立て、指導のモニターをし、目標が達成されるよう生徒の学習と行動を管理運営する。他の教師は、自分の役割をむしろ援助者（facilitator）であると位置づけ、最善の授業とは、指導と学習の状況におけるダイナミックスから生じるものであると信じている。この章では、教師が指導場面で果す役割や、異なる役割が教師に与える責任、教師が自分の教室で果たす役割、さらにこれらの役割が教師の指導スタイルに及ぼす影響について検討することにする。

役割の本質

　役割とは、コミュニケーション行動においてコミュニケーションに加わっている者によってなされる役のことと定義できる (Ellis and McClintock 1990)。やりとりによっては、（例えば、医者と患者とか教師と生徒の役割のように）役割は比較的決まったものであることもあるし、また、役割が一時的なものであり、両者の折衝によることもある。例えば、仕事場において同僚は上下関係的な役割を持つことがあるし（例えば、主任会計

士、副会計士、会計士補などのように)、一方、仕事場を離れた社交の場面ではこのような同僚が同等の立場で付き合うことがある。役割を比較すると(例えば、親と子供、医者と患者、操縦士と客室乗務員など)、次のような特徴があることが分かる。

・異なる仕事内容と異なる責任レベルをもつ。
・異なる関係と異なるインタラクション・パタン、異なるコミュニケーション・パタンをもつ。
・異なる力関係をもつ。

ライト(Wright 1987)は、役割の中には人々が行う仕事によって主に定義されるものもあれば、人間同士の関係の種類によって主に定義されるものもあると指摘している。教師の仕事は、学校や指導というものの持つ本質にあらかじめ規定された、主に職業的な役割として考えられる一方、教師は、自分たちの役割を、自分たちが勤務する学校の種類や自分が採用している指導法、個人的な人格、自分たちの文化的な背景などによって異なった見方で見ている。この章の焦点が置かれるのは、以上のような教師のもついくつかの次元の役割である。

組織的な要素を反映した教師の役割

異なる指導上の状況(例えば、中等学校、大学、私立の語学学校など)は、組織の管理運営上の構造やそれぞれの組織で機能している文化、さらに、その組織のもつ指導哲学を基盤にして、教師の独特な役割を作り出している。「伝統的な」学校における教師の役割は、ある高校で教師がどのような機能を果たしているかについての次の説明に反映されている。

この学校は厳密な上下関係のもとに運営されている。つまり、一人の校長、数人の主任教員、多くの普通教員から成っている。主任教員たちがほとんど主要な意思決定をし、普通教員が指導のほとんどを行い、多かれ少なかれ求められたことをやることになる。指導計画は公表されるが、教師が実際何をどのように指導するかについてほとんどモニターされることはない。生徒も自分たちが勉強するコースについてほとんど選択権をもたない。彼らは、教師たちが下す生徒の能力についての予測や

試験結果に基づいて、文系か理系に分けられる。

他の学校では、私立の語学学校における教師の役割についての次の説明に見られるように、全く異なった運営がされている。

学校の中に決められた上下関係がない。我々の中の数人が調整係として働かなければならないが、このような仕事は持ち回りで行われ、誰もが順番にそれを行わなくてはならない。同様に、生徒が従わなくてはならないような決まったカリキュラムやコースは存在しない。代わりに、生徒がプログラムに登録されると、カウンセラーが生徒とともに考え、生徒たちのニーズに個別に応じたコースを作り上げる。教室において、コースの内容は教師と生徒の交渉によって決められる。

多くの教師は、コースの目標やシラバス内容、さらに、自分のクラスの指導法と評価法を一人一人の教師が自分で決めるような教育機関で仕事をするのを好むだろう。例えば、EFL を指導する中等教育レベルの (30 名の) 教師たちが、学校における自分たちの実際の責任領域と可能ならば選択したい責任領域について次のような報告をしている。

1. 次の仕事のうち (a) 実際にあなたが主たる責任をもっているものはどれですか、また、(b) あなたが主たる責任をもつべきだと思うものはどれですか。(0＝は責任なし、5＝完全な責任をもつ)

	実際に責任を持っている	持つべきである
a. 生徒のコミュニケーション上のニーズを特定すること	3.64	4.68
b. シラバスの内容を選択し、段階付けすること	2.79	4.46
c. 学習者を別々のクラスや学習編成に分けること	1.79	3.82
d. 教材や学習活動を選択したり創作したりすること	4.50	4.71
e. 学習者の進歩をモニターし、評価すること	4.36	4.57
f. コースの評価	3.54	4.32

教師が実際に行っていることと、彼らが自分たちがすべきだと思っていることとを比較すると、教師が、特に、ニーズ分析や学習内容の選択や段階付け、さらに学習者をグループ分けすること、そしてコースの評価の領域において、もっと多くの責任を持ちたいと考えていることが分かる。
　いくつかの教育機関においては、教師の役割が大きく拡大し、次のようなものまで含むこともある：

- **ニーズ分析者**　その教育機関のやり方で生徒個人のニーズを決め（例えば組織的なインタビューで）、得られた情報を使ってコース設計や開発を行う。
- **カリキュラム開発者**　教師が生徒のニーズに基づいて自分のコースプランやシラバスを開発する。
- **教材開発者**　教師が、自分の選択で市販の教科書を使うならそれを活用して、自分の授業の教材を作成する。
- **カウンセラー**　教師が、問題を抱えていたり学習困難を感じている生徒を特定し、必要な生徒には個人的な相談に乗るようにする。
- **助言者**　経験の浅い教員に対して専門的な力量を伸ばすために援助する。
- **ティームのメンバー**　教師たちは、同じ学校の他の教師から孤立して指導するのではなく、ティームの一員として働くよう奨励され、ティーム・ティーチングなど協力的な活動に参加する。
- **研究者**　自分の教室での調査を含めた言語の学習と指導に関する調査を行うよう奨励される。
- **専門家**　教師はワークショップや会議に参加したり、専門誌を読んだり、専門家の組織に加わったりすることによって、専門家としての成長を図るよう期待されている。

　教師が以上のような役割を担うとき、新しい技術が求められ所属機関の支援が必要になることが多い。このことは、オーストラリア成人移民者教育プログラム（これは、学習者中心、学習者との交渉に基づくカリキュラムという考え方のもとに作られた大規模な国のレベルの ESL プログラムである）でも認識されていることである。カリキュラム内容は教師と生徒の間の交渉や相談によって引き出され、次のようなプロセスを含んでいる。

ニーズ分析や、教師と学習者の協力により行われた目的・目標設定練習、よりよい指導法教材、学習活動のための交渉、評価と自己評価の手順についての共通理解など。　　　　　　　　　(Nunan 1988: 36)

オーストラリアのモデルの研究において、バーレットとバトラー (Barlett and Butler 1985: 112-13) は次の領域において教師への支援が必要であることを見出した:

- **ニーズ評価技能**　教師はニーズ分析を行うための道具や手順を必要としていた。
- **コースのガイドライン**　教師はカリキュラム開発を行う際に活用する枠組みを必要としていた。
- **カリキュラムについて話し合う際のバイリンガル援助**　教師が学習者とカリキュラムについて話し合うことを可能にするためにバイリンガル援助が必要であった。
- **プログラムにおける連続性**　ニーズ分析に基づいたモデルが寄せ集めのプログラムになるのを防ぐため、何らかのプログラム運営が必要であった。
- **教育的カウンセリング**　生徒のニーズが幅広く多様化しているので、教師は、教育カウンセラーや、カリキュラム開発担当者であり、同時に、生徒をそれぞれのニーズ・グループに振り分けることができるような人々の支援を求めた。
- **衝突の解決**　カリキュラムについての折衝は時に意見の衝突という事態に発展し、教師はそれを解決するための援助を求めた。
- **教師の役割の明確化**　教師は自分たちの役割を明確に規定することを求めた。

〈ディスカッション〉
1.　教師は、教室における自分の役割や、生徒が教師の役割に対してもつ期待感について、どのようにしてもっと良く知ることができますか。教師と生徒が教師の役割について異なった期待感をもっている場合、どのように誤解を避けることができますか。
2.　あなたがよく知っている教育機関の先生方は、p. 112 に列記され

> ている役割のうちどのぐらいをもっていますか。
> 3. その教育機関の先生方はその他にどのような役割をもっていますか。
> 4. これらの役割は、教師が行う指導をどのように支えたり、妨げたりしますか。
> 5. ある教育機関において、教師が持つべき理想的な役割はどんなものだと考えますか。その教育機関はこれらの役割をどのように支援することができますか。

指導理論や指導法を反映した役割

　教室での指導と学習というコンテクストにおける教師の役割は、その教師が採用している指導理論や指導法によって影響を受けていることもある。もちろん全ての教師が、何らかの指導理論や指導法(例えば、コミュニカティブ言語教授法[1]とか、プロセス・ライティング法[2]とか、ホール・ランゲージ法[3]など)を実践しようとしているわけではないが、自分の指導をこれらの観点から描写する教師は多いし、特定の指導法の範囲で指導するように訓練を受けている教師も多い。それぞれの教授法の中には、教師の役割や生徒の学習方法についての暗黙の仮説が含まれている。教授法の中には、教師に対して特別な役割を当て、教室の中で教師が行うべき種類

[訳注]
1. 言語学習の目標は、メッセージなどを伝える能力の育成であることを強調する外国語教授法。
2. ライティングの指導において、できあがった結果としての作品 (product) よりも、書く内容を考え、草稿を書き、何度が書き直して完成されるという過程 (process) に重点を置いた指導法。いくつかの過程を経ながら、学習者は教師や仲間の学習者から内容や言語表現についていろいろなフィードバックを得て、次第に内容的にも形式的にも洗練された作文に仕上げていくことができる。
3. 言語を指導するのに、言語を構成する音声、文字、語彙、文法などの要素に分け、それぞれ練習させるのではなく、言語そのものを実際的な場面において目的をもった使い方をする中で身につけさせようとする指導法。例えば、フォーニックスなど発音と文字の対応に着目して集中的な練習を行わせるような考え方とは一般的に対立すると考えられている。

の行動を規定しているものもある。例えば、外国語の指導において用いられるべき最初の口頭指導法である直接教授法[1]は、教師の役割を非常に明確に描写しており、教師が従うべき次のようなガイドラインを提起している。

教師は訳さない：実例をあげたり、実際に行って示す。
教師は説明しない：実際に行う。
教師が一方的に話さない：質問をする。
教師が生徒の間違いをまねしない：訂正する。
教師は単語だけで話さない：文を使う。
教師は話しすぎない：生徒にたくさん話させる。
教科書を使わない：自分の授業案を使う。
教師はあちこちふらつかない：自分の授業案に従う。
教師はあまり急がない：生徒のペースを守れ。
教師はあまりゆっくり話しすぎない：ふつうの速度で話す。
教師はあまり早く話さない：ふつうの速度で話す。
教師はあまり大きな声で話さない：ふつうの音量で話す。
教師はせっかちになってはいけない：落ち着くこと。

(Titone 1968: 100-1)

教育学で最近用いられるアクティブ・ティーチング[2]という名称で知られているモデル(これは、授業においていかに生徒により生産的に学習課題に取り組ませるかという教師の能力に焦点を当てるものであるが)では、学習の運営とモニターこそ教師の主要な役割としている。このレベルの指導を達成するためには、教師は次のようなことをしなければならない。

次のようにすることで明確なコミュニケーションを図る。
　正確な指示を与える

[訳注]
1. 学習者の母語を介さず、目標言語を使って直接指導する外国語教授法。実物や実際の行動、ジェスチャーなどが活用される。通例、文法などは機能的に学習される。
2. Direct Teaching とも呼ばれ、教師が中心になって、学習の目標や内容を決め、それに沿った課題を生徒が達成していく指導法。教師が主体となって、学習者にとって好ましい学習環境を設けていくことが中心になっている。

課題と評価を明示する
　　説明をしたり、要点を述べたり、要約したり、復習したりして新しい
　　　情報を提供する
　次のようにすることで活動への集中力を得たり、管理する。
　　課題の主眼を見失わないようにする
　　指導のペースを適切なものにする
　　生徒の参加を推進する
　　すばらしい成果が期待できることを伝える
　次のようにすることで進歩をモニターする。
　　作業を頻繁に振り返る
　　正確さを最大限に達成するために指導を適切なものにする
　次のようにすることで即座のフィードバックを提供する。
　　うまくやったときには生徒にそれを伝える
　　どのようにやれば成功できるかについての情報を与える
　　　　　　　　　　　　　　　　　　　　(Tikunoff 1985a: 135)

例えば共同学習法[1] (Kagan 1987; Kessler 1992) のような、その他の指導理論の中には、あまり教師主導の指導ではなく、むしろグループ・ワークやペア・ワークなどの活動により多く依存する指導法を通して教師と生徒の両方の役割を再定義しようとしているものもある。共同学習法において教師の役割は:

インタラクションと学習の管理運営の責任を生徒と分かち合う。
生徒が学習目標を達成するためにお互いに協力できるように学習環境を
　構築する。
グループ・ワークや共同問題解決などを通してインタラクティブな言語
　使用を促す。
情報を共有したり、共同で考え、意見を共有し、価値を明確化すること
　を取り入れた教室活動を選択する。

[訳注]
1. 学習者が少人数のグループに属し、協力しながら学習する形態である。教師からの一方的な教授を避け、各学習者が活動により多く積極的に参加できるようになり、学習の効果が上がると考えられている。特に、学習者同士が教えあったり、共同で分担しながら大きな課題に取り組んだりする。

グループ活動を組織する。
説明やフィードバック、さらに動機に関する支援を提供する。
(Hyland 1991)

オーディオリンガル教授法[1]やコミュニカティブ言語教授法、トータル・フィジカル・レスポンス[2]のような語学指導法や理論は教師と学習者の両方に特定の役割を作り出している。オーディオリンガル教授法における教師の役割は

中心的で活動的なものである。それはまた、教師が支配する指導法である。教師が目標言語のモデルを提供し、学習の方向とペースをコントロールし、学習者の実際の言語使用をモニターし、その間違いを訂正する。いろいろ変化するドリルや課題を与えたり、構文を練習するために関連する状況を選んだりして学習者をいつも集中させておく。
(Richards and Rodgers 1986: 56)

コミュニカティブ言語教授法では、教師の役割は次のようなものである。

教師の役割は二つある。まず第1は、教室における全参加者間のコミュニケーション過程を促進することであり、そして、参加者と様々な活動やテクストとの間のコミュニケーション過程を促進することである。第2の役割は、学習＝指導グループの中で独立した参加者として行動することである。後者の役割は前者の役割の目的と密接に関わっており、前者から生じてきている。これらの役割は、教師にとって第2義的な役割も示している。第1には、いろいろな指導資源を整える役割、そして自分自身がその資源である役割であり、第2には、教室での指導手

―――――――――――
[訳注]
1. 日本ではオーラル・アプローチとして知られている教授法。アメリカの言語学者 C. C. Fries によって1930年代から40年代にかけて開発された。当時アメリカでは構造言語学が主流であったが、この考え方に基づいて考案されたものである。パタンの反復練習などによって言語習得がなされるという、習慣形成こそ言語習得の本質であると考える教授法である。
2. J. Asher によって唱道された指導法。教師が目標言語で学習者に命令や指示、指導を与え、学習者はそれに対して実際に動作をして反応する。この過程を繰り返すと効果的な学習ができるとされている。

順や活動におけるガイドの役割である。教師の第3の役割は、適切な知識や能力、学習の本質についての実際の経験や他の人々を観察した経験、さらに組織員としての能力というような点において多くの貢献すべきものをもった、研究者であり学習者であるというものである。

(Breen and Candlin 1980: 99)

次の文章はトータル・フィジカル・レスポンスにおける教師の役割について描写している。

はじめに、教師は生徒のすべての行動を指図する。生徒は教師の非言語的な行動モデルを模倣する。ある時点で(ふつうは10〜20時間の指導の後)生徒の中には「話す準備ができた」者がでる。その時点で、役割転換が行われ、今度は生徒が教師や他の生徒を指図することになる。

(Larsen-Freeman 1986: 116)

1960年代以降、教育一般そして第2言語教育の分野で、教師主導型学習様式から離れてより生徒主体のアプローチへの移行があり、それが伝統的な教師の役割を見直すことにつながってきた。しかしながら、いわゆる革新的な指導法であっても、その指導法が活性化しようとしている言語習得過程を促進するためには、教師が教室において特定の役割を果たすことを求めているのである。

〈ディスカッション〉
1. あなたは特定の指導法や指導理論を信じていますか、または、実践していますか。もしそうなら、その指導法や理論において教師の役割は何ですか。
2. あなたが好む指導法や理論は、教師の行動としてどんなものを奨励していますか。どんなものを否定していますか。
3. あなたがよく知っている二つの指導法を比較しなさい。それぞれの指導法における教師の役割はどの程度類似していますか。
4. もしあなたが授業を担当しているのなら、あなたの授業への訪問者は、あなたの指導法や理論を反映したものとしてどのようなものを見ることになるでしょうか。

個人的な指導観を反映した教師の役割

　多くの教員は特定の教授法を使うように指導されてきた可能性があるし、自分の所属する組織によって確立された枠組みや哲学の範囲で指導をするように求められることもあるが、実際彼らが指導する方法は、与えられた状況の中で一番うまくいくと思うものを個人的に解釈したものであることが多い。多くの教師にとって、指導方法とはきわめて個人的なもので、自分の経験から発展し、特定の状況が求めるところに応じていろいろな方法で応用するものである。教師は、自分の指導観や学習観、そして、これらの考え方を一番よく支えると思われる教室でのやりとりに関する理論に基づいて、教室における自分の役割を創造するのである。このことは、教師が自分の役割をどのように見ているかを描写した教師自身の次の発言に見ることができる。

　　私は自分のクラスの全ての子どもが、自分ではそれに気付いていなくとも、学習する能力をもっていると信じている。私は、それぞれの生徒が自分の得意なものを発見することを奨励し、それがうまくなるように援助するようにしている。

　　私は、教室に集中している雰囲気があり、頭のよい生徒たちが勉強したくない生徒たちに足を引っ張られないような環境にあるとき、生徒は一番よく学習すると信じている。私は、授業のじゃまをするような傾向のある生徒がクラスの前の方にくるようにし、頭のよい生徒たち同士でグループを編成するようにしてお互いに刺激を与え合うことができるようにしている。

　　私は、生徒が興味をもっていることを勉強しているのが好きである。生徒はグループの方がお互いから学習するのを助けられるので、よく勉強できると思う。私はテストを課すのは好きではない。動機付けの方法としては他のものを探そうとしている。

　　私は、自分のクラスでは質の高い学習を奨励している。生徒は間違いをすることで学習をするとは考えない。生徒には課題を提出する前にチェックするように強く言っている。

私は、最良の授業とはよく計画された授業だと思う。詳細な計画があると指導するのがはるかに容易になる。授業中自分が何をやり、生徒に何をやって欲しいかが自分で正確に分かっていれば、教室でより効果的に時間を活用することができるという実感がある。

　私は、生徒が自分で考えることを学ばなければならないと思う。生徒は私から学ぶのと同じぐらい自分自身で学習できることを気付かなければならない。私は、生徒の学習を支援するために存在するのである。自分の授業をなるべく弾力的な対応ができるようなものにし、生徒が学びたいものを学びたい方法で学習する選択ができるようにしたい。

　これらの発言は、教師たちが自分の役割を異なった見方で見ていることを示している。これらは、必ずしも教師が所属する組織によって彼らに割り当てられた役割というわけではない。また、特定の指導法に結びついているものでもない。教師たちは、以下のような役割を自分自身で選択するようである。

計画立案をする　教師は学習活動の計画立案や編成を指導や学習における成功のために基本的なものであると考えている。

運営をする　教師の役割は、学習が最大限に行われるようにするため、教室の環境や生徒の行動を組織し運営することである。

品質の管理をする　教師の中心的な役割は、教室における言語使用の質を維持することである。正しい言語使用が促進され、間違った使用はしないように勧められる。

グループを組織する　教師の役割は、生徒がグループの課題に協力して取り組むような環境を作り出すことである。

支援をする　教師の役割は、生徒に自分なりの学習方法を発見させ、主体的に学習するのを援助することである。

意欲付けをする　教師は、生徒の学習への自信と興味を増進させようとし、生徒の意欲を高めるような教室環境を作り上げようとする。

能力アップを図る　教師はなるべく授業に関してコントロールをしたり指示を出さないようにし、生徒に学習したい内容や学習方法について自分で意思決定をさせる。

チームとして参加する　教室にいる教師と全ての生徒がチームを構

成し、ティームの構成員として相互交流する。

　以上のような役割は、相互に重なり合っている。さらに、教師は全ての人間に対して全ての役割を果たすことはできないし、また、教師の役割は授業中に変化することもある。例えば、授業の冒頭のところで教師が新しい言語パタンのモデルを示しているとき、教師は特に計画立案と品質管理といった点に気を配っている。授業の後の方の段階になり生徒が主体的に学習に取り組み出すと、教師の役割は支援者としての役割になる。教師が自分の役割をどう解釈するかは、教師が自分の指導をどのように考えているかにおける違いにつながっている。また、それは、教師が効果的な授業における力学をどのように理解するかの違いにもつながり、その結果、教室における行動ややりとりのパタンの違いにもつながる(第7章を参照のこと)。授業における自分の役割をどのように見るかは、指導における次のような次元への教師の反応の仕方に影響を与えている。

授業の運営と組織　どのように授業における日常的な手順、過程、ルールを確立するか。座席配置をどのようなものにするか。

教師によるコントロール　授業において許容できるレベルのふるまいをいかに維持するか。

カリキュラム、内容、計画　授業計画、授業編成、構成についてどのように取り組むか。

指導上の方略　どのような指導方法や教室活動を好むか。

意欲付けのための技術　教室環境や意欲を作り出すためにどのような方略を使うか。

評価の哲学　どのような評価手順を使うか。

　教師の指導スタイルは、教室における自分の役割をどのように考えるかということから生じてくる。そして、それは教師の信条システムと結びついている(第2章を参照のこと)。

〈ディスカッション〉
1. 教師個人が考える指導における役割リスト(p. 120)を調べ、教師は他にどのような個人的な役割を選択することがあるか考えなさい。

> 2. 教師が自分の役割をどのように見ているかについてこの節にある6個の引用を調べなさい。それらを上の1の質問で触れた指導上の役割のリストのどれと合致するか考えなさい。
> 3. もしあなたが授業を担当しているのなら、あなたが個人として考える教師の役割は、教師としての経験が豊富になるにつれて変化したと思いますか。もし、そうであれば、その変化は何によって生じましたか。
> 4. 2～3人の教師にインタビューして、授業における彼らの役割について聞いてみなさい。自分の役割についての彼らの考え方の土台になっているのはどのような考え方でしょうか。そのような役割は、教室における力学や選択された活動にどのような影響を与えているでしょうか。自分が知ったことをパートナーや同僚と話し合いなさい。

役割の文化的な次元

　指導とは、教師、指導、学習者をどうとらえるかについての一連の仮説に組み込まれた活動であり、文化的に限定されているものである。これらの仮説は、教師の責任とは何であるか、学習とはどのようなものか、生徒は授業でどのようにやりとりをするかなどについての考え方を映し出したものなのである。ある文化においては、指導とは教師がコントロールするものであり、教師によって誘導される過程である。例えば、学習についての中国人の態度は次のようにまとめることができる。

> 　学習とは、知識の体系を、つまり、比較的容易に消化できるように小さなかたまりで教師が示した知識の体系をマスターすることである。教師と生徒の両方とも、学習の最終成果に関心をもっている。つまり、彼らは、適当な時期に、教師が生徒に示した知識を生徒がそっくり同じ形状のまま再生することができるようになることを期待しているのである。
> (Brick 1991: 154)

　学習や指導についてのこのような態度は、個人の学習者の創造性に焦点

第5章　教師の役割

をあて、教師が学習を支援し、主体的な学習を推奨することを勧めるような西欧の教育を受けた語学教師のもつ態度とは一致しない。西欧の教育は、演繹的なアプローチより帰納的アプローチを強調するとともに、グループ・ワークのような共同的な仕組みを強調する。そこでは、学習者は、自分たち自身の学習のために何らかの責任を負うことが期待されているのである。指導や教師の役割についての文化的な仮説における違いは、教師と生徒の双方の側に、異なる期待を抱かせることになることもある。例えば、次のような例に見て取れる。

> 私の生徒は、私のクラスで何を勉強したいかと聞かれると驚く。教師である私が彼らが知るべきことを知っているべきであり、彼らに聞く必要はないと思っているのである。(アメリカにある外国人向けのプログラムで指導しているアメリカの教師)

> 教科書で何かを読む場合、私はそれは正しい内容だと思う。ふつう、教科書で読む英語についての情報に疑問を感じたりはしない。そもそも教科書の執筆者は英語の専門家なのだから。(中国人のEFL教師)

> 私がクラスの生徒に読む教材を示すと、生徒は私が、一語一語ずつ扱って、語彙や文法のポイントの全てを説明することを期待する。もし、私が彼らに任せて自分で調べるようにさせたり、文章の趣旨を理解するように求めると、不安になるようである。(エジプトのEFL教師)

> 生徒がうまくいかないときは、それは教材を十分明確に示さなかった私の失敗である。生徒が分からないことがあれば、私はそれをもっとはっきりと提示する方法を考えなくてはならない。(台湾のEFL教師)

> グループ・ワークをしたり、自由に発展するコミュニケーション活動をすると、生徒や同僚は、私が生徒を本当に指導していないのではないかと感じるようだ。授業のために計画したものが全くなく、ただ時間をつぶしているだけと感じているようである。(日本のEFL教師)

> 私は英語についての専門家であると思われていて、生徒の質問には全て答えられると思われている。もし答えられないと、私は不勉強か能力がないと思われてしまう。(ブラジルのEFL教師)

言語学習に関して語学教師や学習者がもっている仮説の多くは、彼らの文化的な背景から生じてくる態度を反映しているのである。これらの態度は、この両者が互いに対して抱く期待感に影響するのである。この期待感が対立するときは、誤解が生じる可能性がある。このような誤解は時に避けられないこともあるが、その誤解が生じるみなもとをよりよく知ることで最小限にくい止めることができる。

> 〈ディスカッション〉
> 1. 文化的な要因は、あなたがよく知っている状況での教師の役割にどのように影響しますか。このことは、異なる文化的背景を持つ教師と生徒が関係している場合、誤解につながるでしょうか。
> 2. この節にある教師の6つの発言を調べなさい。それぞれの発言は、どのような課題に対する反応でしょうか。また、それぞれの発言はどのような文化的な仮説の反映でしょうか。さらに、これらの仮説は、文化的な背景によってどのように変化するでしょうか。

発展活動

▶日誌活動

1. 今週の日誌には、教師または将来の教師としての自分の役割をどのように見ているかを記述しなさい。これらの役割を自分の心にある信条や外部要因(例えば、組織とか文化など)の観点から調べてみなさい。これらの役割があなたの行っている、または、行いたいと考えている指導にどう影響するか論じなさい。
2. もしあなたが授業を担当しているのなら、授業でクラスの生徒とどのようにやりとりしたか、指導においてどのような役割を示そうとしたか、それがうまくいったかどうか、思い出しなさい。もし他の人の授業を観察しているのなら、あなたに協力している先生が同じことをどのように対処しているか描写しなさい。以下の質問に答えていくと日誌の記入が簡単にできます。

a． 私(または、私に協力してくれている先生)は、学習者のニーズにどのように対応しているか。
b． 私は学習者の参加を促しているか。どうやっているか。
c． 私は学習者の努力に対してどのようなフィードバックをしているか。
d． どのような教室の行動やインタラクションを私は奨励しているか、または、やめるように言っているか。
e． 私はどのようにして教室運営をうまく行っているか。

▶記録活動

自分の授業や他の教師の授業を記録し、それを聞いて、その授業におけるあなたやその教師の役割がどんなものであるかを特定しなさい。
a． あなたは自分が(またはその教師が)授業を支配したと思いますか。
b． 授業では生徒の参加がどのように奨励されていましたか。
c． 学習者は授業中どのような役割を果たしましたか。
d． 学習者は自分の成果についてどのようなフィードバックを与えられましたか。
e． 誤解が生じたときにどのように対処されましたか。
f． 授業におけるコミュニケーション・パタンはどんなものでしたか。
g． 授業中生徒はどのような意欲と興味をもっていましたか。
h． テープを聞いて、あなたは自分(またはその教師)の指導スタイルをどのように特徴づけますか。

▶授業観察

1. 二人の教師の授業を観察しなさい。そして、彼らが授業の次のような側面をどのように達成しているか、その例を記しなさい。
   a． 指示を出す。
   b． 生徒の授業参加を奨励する。
   c． 生徒の学習成果をモニターする。
   d． フィードバックをする。
   　二人の教師は指導におけるこれらの局面を同じように、または、異なる方法で対処しているでしょうか。違いがあるのなら、その違いは二人の異なる教師観を反映するものでしょうか。

2. 語学の教室を観察し、教師の役割に焦点を当てなさい。その教師によって果たされる中心的な役割をどのように特徴づけるでしょうか。それらの役割を指し示すような行動としてどのようなものを観察しましたか。

▶相互観察

もしあなたが授業を担当しているのなら、同僚に頼んで自分のクラスを見てもらい、あなたがその授業の中で果たそうとする役割に焦点を当てなさい。p. 120 で議論した役割(授業の計画を立てる、運営をする、質のコントロールをする、グループを編成する、支援をする、意欲付けをする、力を高める、チームの一員になる)の一つ以上を選ぶか、そのほか自分の好きな役割を選択しなさい。あなたの同僚は、あなたが自分の指導においてこれらの役割をどのように達成しようとしているか、その例を記すようにしなさい。その観察データについて話し合い、観察者の認識があなた自身の役割認識と一致するかどうか調べてみなさい。

アクション・リサーチ　ケーススタディ 3

[生徒の意欲を高めるため、教師と生徒の役割を調整する]

このプロジェクトは、ESL 環境で中学校の教師が行ったものである。

初期省察

私は、比較的学習意欲がなく、何人かは喧嘩をしたり、出された課題をやらないことで、授業運営上の問題を生じさせるような年齢にいる労働者階級のティーンエイジのクラスを教えている。いろいろな能力レベルが混在しているクラスである。通例、このようなクラスでの私の指導方法は、授業中できるだけ忙しくさせておくため、コントロールを厳しくして、たくさん課題を与え、できるだけ密着してそれぞれの作業を観察するものである。しかし、この方法が次第に心地悪くなり、教室における自分の役割を変えたらどのようになるか試してみようと決心し、生徒が取り組む活動を話し合って決めるコンタクト・システムを実行した。私は、この方法が生徒の学習意欲を改善し、授業運営上の問題を減じることができるかどうか、探りたかった。

計画

　私は、一人一人の生徒とコンタクトをとって、生徒が一番取り組みたがっていた教科書の様々な面(例えば、作文、文法、読解、聞き取り)についてや、学習においてどのように評価してもらいたいかについて話し合うことにした。毎授業の冒頭の部分で、15分クラス全員を対象に一斉授業をする。授業の残りの時間では、生徒は自分たちの選んだ課題について、一人、ペア、またはグループで取り組む。生徒が取り組みたいと考えたオプションの課題をカバーするために、生徒の多くのために補助的な課題を開発する必要もあった。

アクション

　私は、コンタクト・システムを紹介し、クラスにどのようにそれが影響するか説明した。表を作って壁にはり、授業のいろいろな時点で生徒が何に取り組むかを示した。いったんこのシステムが動き出すと、それはうまく動き始めた。クラスはかなり騒がしくなったが、生徒は以前より課題に集中し、私は一人一人の生徒やグループを援助するために教室を巡回することができた。生徒たちは落ち着いてきて、お互のじゃまをすることが少なくなった。

観察

　生徒が自分のやりたいことを選択し、彼らが私の役割を支援者として見るようになったため、このコンタクト・システムは生徒の意欲を増加させたと考える。ほとんどの生徒は、自分たちで評価して欲しいと求めた課題においてよい成績を修めた。私は、学期の終わりに評価用紙を与え、生徒にこのコンタクト・システムをどう考えるかと尋ねてみた。彼らの評価はかなり肯定的であった。それぞれの授業で自分たちがやりたいことを選択するチャンスがあり、求められていることが何であるかを事前に知ることが良かったということであった。

省察

　私は、かつて「問題」生徒と考えていたような生徒にもっと効果的に対処する方法を身につけた。また、生徒は自分が学習する内容や学習の方法についてインプットを与えられていれば、それだけ一生懸命に取り組むことも分かった。しかし、生徒が自分の選択をしたり、時間をうまく使うた

めには、まだそれなりの指導は必要である。コンタクト・システムの効果的な活用のためには、授業における私自身の役割を変えることが必要であることが分かった。私は、絶えず生徒の行動を取りしまるような役割より、支援者としての新しい役割の方が好きである。

第6章　言語授業の構造

　授業というものは、比較的簡単にそれと分かる事象である。それはある特別な環境の中(例えば、学校や教室など)で行われ、通例、2種類の参加者(教師と生徒)がかかわり、普通、いくつかのはっきり分かる活動(例えば、教師がクラスの前で講義をしたり、教師が質問をし、生徒に答えさせるなど)から成り立っている。それ故、授業は、会合やディベート、議論、裁判など、言葉を使ったその他の事象とは区別可能なのである。

　しかし、言葉を使うその他の事象と同じように、授業には一定の明確な構造がある。授業は特定な形で始まり、一連の指導と学習の活動を経て、結論に到達する。構造や編成におけるこのようなパタンは、教師が与えられた時間で最大限の学習が行われるように指導過程を運営しようとした試みの結果なのである。ウォング・フィルモア(Wong-Fillmore 1985: 23–4)は次のように述べている。

　　クラスがどのように編成され、指導がどのように構造化されているかが、クラスで生徒が耳にし、使う言語の性質を大部分決定してしまう。...二つの特徴があり、それらが言語学習に役に立つ授業と役に立たない授業との違いとなっているようである。まず第1の特徴は、授業が指導という目的のためにどのように構造化され、編成されているかということにかかわっており、第2の特徴は、授業で言語がどのように使われているかということにかかわっている。

通常授業における指導を調べてみると、教師が自分の授業を効果的に構造化する場合、教師は:

その授業を始めるとき、以前の学習、または、新しい学習の準備として
　　必要な学習を少し復習する。
その授業を始めるときにその授業の目標に簡単に触れる。
新しい教材を小さなステップで提示し、それぞれの提示の後で生徒が練

習する。
明確で詳細な指示と説明をする。
全ての生徒に高いレベルの実践的な練習をさせる。
たくさんの質問をし、生徒の理解を確認し、全ての生徒から反応を得る。
初期の練習において生徒をうまく導く。
組織的なフィードバックや訂正をする。
明快な説明をし、自習課題の準備練習をし、必要であれば、自習中に生徒の作業をチェックする。　　(Rosenshine and Stevens 1986: 377)

　この章は、授業がどのように一つの連続体として組み立てられ、授業としての勢いをもつようになるかに、かかわっている。これは、構造化 (structuring) と呼ばれているが、次のような4つの次元の構造化に焦点が当てられている。

始まり　授業の始め方
順序立て　授業をどのようにいくつかの部分に分けるか、また、それぞれの部分をどのように関連付けるか
ペース配分　授業が進行しているという感覚をどのように達成するか
終わり　授業の終了方法

始まり

　授業の始まりは、授業における学習目標に生徒の関心を向けるために教師が用いるいくつかの手順から構成されている。指導法研究によると、授業の始まり、導入は、最初の5分間を占め、その授業で生徒がどれだけのことを学習できるかについて重要な影響をもつことがあることを示している (Kindsvatter, Wilen, and Ishler 1988)。アメリカの第3学年と第5学年に在学する、英語力が不十分な生徒を対象にした長期的な研究において、ウォング・フィルモア (1985: 27) は、言語学習のための効果的な授業とは次のようなものであることを見出している。

　　きちんと計画された授業であり、一つ一つの活動にははっきりとした境界があるものである。少人数のグループにおける授業の始まりは、生

徒の位置が物理的に変わることや、他の移動...[例えば]いすを回転させて生徒がお互いに見合うようにすることなど...によってはっきりと区分される。このような変化の始まりは、教師の声の質や大きさが変わったり、教師のいる位置や姿勢が変わったりすることではっきり示され、それがそのグループの注意を喚起することになる。

授業の始まりは様々な目的をもっている。例えば、次のような特別な目的をもって授業を始めることが可能である。

生徒が新しい授業の内容を前回の授業や以前の授業の内容と関連付けるのを助ける（認知的貢献）。
関連知識をどの程度もっているか測定する（認知的貢献）。
学習者に適切な学習の「かまえ」を設定する。つまり、次に起こる学習の準備をさせる（認知的、情緒的貢献）。
調整時間を与える——生徒が非常に異なる環境からそのまま授業に入るような状況においてはこれは非常に重要である（実際的な貢献）。
遅刻者によって引き起こされる混乱を減らす（実際的な貢献）。
(McGrath, Davis, and Mulphin 1992: 92–3)

授業の始まり方は、意識的にしろ無意識的にしろ、教師が行ういくつかの意思決定を反映している。いくつかの選択肢が存在する。例えば、教師は次のようなことを選択することができる。

・授業の目標を述べる。
・生徒がどのような情報や技能を身に付けるかはっきり述べる。
・授業や活動と実際の社会におけるニーズとの関連性について述べる。
・授業で生徒がどんなことをすべきか述べる。
・授業や活動と今度の試験との関連性について述べる。
・何の説明もなく活動を始める。
・当該の授業と以前の授業との関連性を指摘する。
・生徒がこれからする活動が楽しいものであることを告げる。
・何かを行って生徒の興味ややる気をとらえる。
・前時の授業で学習したことを復習する。
・授業の全体の流れを示す。

授業の始まりをどのようなものにするかは、授業を始めるときに教師がどのような活動や方略を活用するかを決定する（アペンディクス1を参照）。ローゼンシャインとスティーブンス（1986: 381）は、例えば、授業を簡単な復習から始めると、以前に学習したことを身に付ける機会が増え、教師は、間違いの訂正をしたり、生徒が困難を感じている点を再度教えることができる。これは、次のようなことを通して行うことが可能である。

- 前時の授業で教えた概念や技能について質問をする。
- 前時の授業や宿題で課した教材について授業の始めに簡単なテストをする。
- （各2～4名の）グループになって宿題の復習をさせる。
- 生徒に前時の授業や宿題についての質問を用意させる。生徒がお互い同士質問したり、教師がクラス全体に質問することもある。
- 生徒に前時の授業の要約を書かせる。
- 宿題に関する問題点について生徒に質問させ、教師が復習したり、再度教えたり、生徒に追加の練習をさせたりする。

　マックグラスたち（1992）は、EFLと現代語を学ぶ大人のクラスの研究において、授業の始まりが、主として学習への適切な情緒的枠組みを作り上げ、そして、それほどではないが、認知的な枠組みを確立するために、活用されていることを見出している（p. 105）。また、学習者が授業の始まりのもつ影響力についてかなり敏感であることも分かった。

　授業におけるこのような特徴は言語の学習にどのような影響があるのだろうか。第2言語教室における授業の始まりに関する研究は比較的少ないが（しかし、マックグラスなど1992を参照のこと）、ウォング・フィルモア（1985）は、始まりや、その他、次の活動への移行や終わりなどの授業における活動の境界指示は、その活動の枠組みを作り、生徒に何を期待しそれにどのように準備すべきか示していると言う。

　　教師が使ういつも決まった始まりの合図は、これらのいつも行われている活動がいつ始まるか知らせる役に立ち、これにより生徒はいつ注意を払うべきか、いつ耳を傾けるべきか知ることができるようになった。
　　　　　　　　　　　　　　　　　　　　　　（Wong-Fillmore 1985: 28）

　次の授業記録は、中等教育レベルにおけるESL生徒向けの言語技能ク

ラスにおける授業の始まりを教師がどのように扱っているかを示している。生徒たち(Ss)にあいさつをし、授業の内容に直接関係のない事務的なことを取り扱ってから、教師(T)は次のように話し始めた:

T: 以前、比喩について話したことがあります。また、前に3種類の比喩についても話したことがあります。誰か、これら3種類の比喩が何だったか覚えていますか? メアリー?
S: 擬人法、直喩、暗喩です。
T: よろしい。黒板にその3種類を書きましょう。さて、誰か、もう一回、擬人化とはどんなものか説明できますか。ジュアン?
S: 生命のないものを人物であるかのように振る舞わせることです。
T: そうですね。いいでしょう。じゃ、直喩とは何ですか。...そう、セシリア?
S: likeとかasというような単語を使って二つのものを比較することです。
T: はい、いいでしょう。今のを黒板に書いておきましょう。もう一つの...暗喩は? ポール?
S: それも二つのものを比較する場合ですが、でもlikeとかasという単語を使わずに比較する場合です。
T: いいでしょう。そのとおり。だから、直喩よりもっと直接的なんですね。じゃ、2週間ぐらい前、擬人化についての詩がありましたが、覚えていますか。その詩の1行を思い出せますか。生命を持たない物体が人間のように振る舞っている詩でしたが。
S: 「月が夜を歩く」。
T: いいでしょう。「月が夜を歩く」。月は歩くための足がありますか。
S: いいえ。
T: そのとおり。だからこれは比喩なんですね。いいでしょう。さて、今日の授業は暗喩に関係があります。私たちはもう直喩は勉強しましたし、暗喩についても以前ちょっと扱ったことがあります。さて、これら二つの共通点は何か調べてみましょう。ところで、皆さん自分の歌をもってきましたか。
S: はい。
T: 先週、皆で歌の紹介をしましょうと言いましたね。今日は私が好

きな歌をあなた達に紹介する番です。私は、サイモンとガーファンクルの歌を持ってきました。

（クラスは"I Am a Rock"という歌を聴き、その歌詞にある暗喩について議論する。）

この教師は自分の授業を始めるのに、いくつかの方略を使っている。まず、前の授業との関連を図っている。また、今日の授業の全体像を示し、生徒の興味をとらえるために歌を使い、暗喩の例をさらに提供した。

〈ディスカッション〉
1. p.131 の授業開始のための方略リストをもう一度振り返りなさい。あなた（または、あなたが観察している教師）はどの方略をいちばん多く活用しているでしょうか。あなた（または、その教師）は、このリストに挙げられているもの以外の方略を活用していますか。また、これらの方略はどのような目的のために使われていますか。
2. アペンディクス1にある、授業の始まりの目的とその活動例のリストを調べなさい。目的として何かこのリストに加えるものがありますか。リストにある目的の一つを選択しなさい。この目的の達成のために活用できる活動例として何か他の例を考えなさい。
3. あなたはスポーツとしてのボクシングの危険性について書かれた雑誌の記事をもとにして、中級クラスのリーディングのクラスを指導しています。この授業の始まりとして適切なものを考えなさい。それは、p.131 に並べられた方略の一つと適合するでしょうか。
4. pp.133-4 の授業の始まりの記録をもう一度読みなさい。この教師は、p.131 にリストした方略のうちどのくらいを活用しているでしょうか。

順序立て

授業における構造化の次の次元は、授業そのものの構成に関係している。ほとんどの授業は、たった一つの活動から構成されているわけではない。むしろ、教師は授業の全体的な目標や指導すべき内容を分析し、それ

らのゴールを達成するための一連の活動を計画する。授業における副活動のこの順序立ては、その授業の構成や台本を定めることになる。熟練した教師は、リーディングの授業や作文の授業、リスニングの授業などの特定の授業を考えるとき、頭の中にある構成を思い浮かべている。この形式こそ、授業を構成する活動の順序立てを表しているのである。

ウォング・フィルモア（Wong-Fillmore 1985: 29）は、彼女が観察した第3学年と第4学年のリーディングの授業において、その先生の典型的な授業形態は次のような教師の動作から構成されていたことを指摘している。

　教科書で使われている新しい語彙項目を提示する。
　新しい語彙の意味や用法についての議論を引き出し、それらを既習の語彙と関連づける。
　グループの生徒にリストから選んだ単語を一緒に読ませる。
　グループの生徒に教科書を黙読させる。
　教科書のパラグラフを生徒に交代させながら順番に読ませる。
　教科書の文章の意味を生徒と話し合う。
　自習課題を各自やらせるような宿題を出す。

第2言語や外国語の指導において、授業の内部構造を決定するためのいくつかの基本原則が明らかになってきた。これらの原則は、第2言語習得の様々な面の背後にある技能やプロセスについてや、学習がいかに一番効果的に達成されるかについての、異なる見方に基礎を置いている。次に挙げられているのは、この種の原則の例であり、それらは、異なる種類のESLの指導法から取られたものである。

・複雑な活動の前に単純な活動がくる。
・受容的な技能を用いる活動を行ってから、産出的技能を用いる活動を行う。
・生徒は文法の規則を実際に活用する前にそれをよく勉強すべきだ。
・生徒は時制や文法構造の背後にある規則を勉強する前に、それらを使うことを実際にやってみるべきである。
・正確さに焦点を置いた活動が、流暢さに焦点を置いた活動の前に行われるべきである。

- 一つの授業の中で機械的な活動または言語形式に中心を置いた活動から、意味を中心にした活動へと発展させるべきである。

これらの原則は特定の指導法を反映していることがある。例えば、場面言語教授法[1] (Richards and Rodgers 1986 を参照) においては、授業は次のような構成をもっている。

1. **提示**　新しい構造が導入・提示される。
2. **制限練習**　教師の指導と制御のもと、学習者はその構造における集中練習が与えられる。
3. **自由練習**　生徒は教師からの制御を全く受けず、その構造を使用する練習を行う。
4. **チェック**　教師は新しい構造が学習されたことをチェックするために、その構造を使った表現を引き出す。
5. **発展練習**　その構造が新しい状況や他の構造と結び付けられて練習される。　　　　　　　　　　　　　　　　　(Hubbard et al. 1983)

コミュニカティブ言語教授法においては、次のような活動の順序立てがよく見受けられる (Littlewood 1986)。

1. **プレ・コミュニケーション活動**　構造や機能、語彙などの提示に焦点を当てた、正確さを中心にした活動
2. **コミュニケーション活動**　情報の共有や情報の交換に焦点を当てた、流暢さを中心にした活動

アペンディクス 2 では、この順序立てを、コミュニケーション活動としてのリスニング／スピーキング用のテキストから引用された「意見を言う、賛成する、反対する、討論する」という題のついたユニットの一部で例示している。このユニットはまず、そのユニットで練習すべき機能や語彙を紹介するための会話から始まっている。その次に行われる練習は、意

[訳注]
1. 「銀行にて」とか「空港で」など、言語が実際に使用される状況や場面を中心に教材を選び、配列したシラバスに則って指導する教授法。場面に合った表現を身に付けることをめざすため現実感のある指導となるが、言語材料を系統的に提示したり、場面を超えた言語表現を指導したりすることが困難であることも指摘されている。

見を表明する際に使われる機能的な表現に焦点を当てている。さらにその次の二つの練習は、流暢さに中心を置いた活動で、意見の表明の仕方を練習する。このような活動の順序立ては、そのユニットの終わりまで続き、追加の機能が提示され練習されていく。

　プロセス・アプローチに対応したライティングの指導においては、次のような順序立ての活動がよく奨励されている (Proett and Gill 1986)。

1. **プレ・ライティング活動**　ライティング用のアイディアを生み出したり、書き手の注意を特定のトピックに向けさせたりするための活動。
2. **下書き活動**　生徒が、読み手や目的を意識して、自分の下書きを作成する活動。
3. **修正活動**　生徒が自分の作文を読み返し、分析し、編集し、書き換えることに焦点を当てた活動。

アペンディクス3には、アカデミック・ライティングの教科書から取られたこのプロセス・アプローチの例が含まれている。生徒はまずアイディアを生み出したり、エッセイのプランを立てたりする技術を紹介される。次の一連の活動では、自分たちのアイディアを使って最初の下書きを書く練習をする。その後の活動で、生徒は下書きを書き直したり洗練させることに集中する。

　ESLのリーディングの指導は、同様に、3段階に分けられることが多い。例えば、ナットール (Nuttall 1982) はリーディングの授業における次のような活動を挙げている。

1. **プレ・リーディング活動**　生徒にテクストを読む準備をさせる活動である。そのような活動は、読む理由を与えたり、テクストを紹介したり、テクストを分割したり、新しい言語を扱ったり、理解の手がかりを与えるような質問をしたりすることを含んでいる。
2. **ホワイル・リーディング活動**　生徒が実際に読みながら成し遂げたり、個人やグループ、またはクラス全体で行われるような活動である。
3. **ポスト・リーディング活動**　テクストを評価したり、それに個人的な反応を示したりして、テクストの全体の理解を与えるように考案さ

れた活動である。そのような活動には、生徒から個人的な反応を引き出したり、テクストの内容を生徒自身の経験と関連させたり、他のテクストとの関連を見いだしたり、登場人物や事件、考え、議論、などの評価をしたりすることが含まれる。

この順序立てはアペンディクス4で例示されている。この例は、上級のリーディング技能向けのテクストから取られたものである (Barr, Clegg, and Wallace 1981)。生徒は、住む場所を選択することに関する文章を読む前に、このトピックについて考えを生み出すために一連の活動を行う。それからテクストを章ごと読みながら、予測と情報収集を含んだホワイル・リーディング活動を行う。テクストを読んだ後、生徒は理解と評価の課題を行う。

一人一人の教師は授業について自分なりの構成を発展させ、そして、自分が活用するように訓練された構成に、自分なりの変化を加えていく。ウォング・フィルモア (1985) は、経験豊富な教師が、授業の構成法において、また、特定の授業で行う活動の順序立てにおいても、首尾一貫しているということを指摘している。これは、一見、想像力の欠けた、型にはまった指導のように思えるかもしれないが、学習者には利点がある。

> いったん(学習者が)それぞれの教科における副活動の順序立てを学んでしまえば、彼らは、毎日新しく何が展開しているのか探ろうとする必要がなく授業についていける。生徒は何をすべきか、授業の各段階で何を得るべきかを承知している。このため、彼らは毎日何を学習すべきかを前もって知ることができるのである。(Wong-Fillmore 1985: 29)

授業をいくつかの副活動に分割する場合、一つの副活動から次の副活動への移行について十分考慮する必要がある。小学校の授業における研究によれば、この段階の授業では1日に30以上の主要な移行が生じ、それが授業時間の15％も占めているということである (Doyle 1986)。多くのESLの授業において、特にペアや小グループによるコミュニケーション活動に焦点を置いた授業では、様々な活動に合わせて学習者を頻繁に編成し直すことがあり、このような移行の時間が重要な意味をもつことがある。

ドイル (Doyle 1986) によれば、熟練した教師は、移行の開始をはっき

りと示し、移行を積極的に調整し、活動におけるこれらの変化の過程で勢いが損なわれるのを最小限にくい止める。一方、あまり指導がうまくない教師は、活動を混ぜ合わせる傾向があり、移行の最中に事態を把握できず、授業のいくつかの区分間の移動を行うのに時間がかかり過ぎる。このように、効果的な移行は、移行期に生徒の集中を維持し、一つの活動から次の活動への連携をつくることを可能にする。

教師は、変化の始まりや、焦点の変更、新しい区分の始まりを知らせるような合図と生徒との相互のやりとりを通して、移行を行っていく。教師が移行をどのように行うかは、その移行の特質による。例えば、自習課題活動から小グループ課題という座席の再配列が必要となるような移行の場合、一つのトピックから別なトピックへと変わるような移行より、調整するのに時間がかかる。教師は、移行の対処の仕方に影響をもついくつかの意思決定について配慮しなければならない。

・グループ編成が変化する際、授業の勢いをどのように維持できるか。
・活動と活動の間、生徒は何をしているのか。
・活動の目標は何であるかを生徒にいつ告げるべきか。

教師は以上のような質問に対して、いくつかの回答を示している。

　私はいつも事前にものを考え、どのように移行時間に対処するか計画を立てる。例えば、黒板に練習の課題を書いて、他の生徒がまだ自分の教科書をもってくる前に、何人かの生徒が課題を始めることができるようにしている。

　私は授業の目的を黒板に書いて、授業における異なった活動がどのような関連をもっているか理解できるようにしている。

　私のクラスの新しい学期の始まりには、本を他の人に渡したり、移動してグループを編成したり、課題を提出することなどについてのルールや決まった手順を作っている。

〈ディスカッション〉
1. あなたが教えたり観察する授業、例えば、リーディング、ライティング、リスニング、またはスピーキングの授業など、典型的な

ものを考えてみなさい。この種の授業はどんな構成に従っているでしょうか(例えば、授業はどのような典型的な活動順序で構成されていますか)。どのような原則や信条がこの構成を取らせているのでしょうか。
2. もしあなたが授業を担当しているのなら、普段教えている授業について個人的な構成を作り上げたでしょうか。その構成はどのようなものから成り立っているでしょうか。どうしてそのような構成をもつようになったのでしょうか。同じような授業を担当している他の教師が使っている構成と自分の構成とを比較してみなさい。もし、授業を観察しているのなら、その授業を担当している教師は、自分の個人的な構成を作り上げているでしょうか。
3. 学習者にとって、既に確立された授業構成を活用することの利点は何でしょうか。教師にとってはどんな利点があるでしょうか。既に確立された構成を活用することの弱点は何でしょうか。
4. この章で議論されなかった指導法であなたがよく知っているものを選びなさい(例えば、オーディオ・リンガル・メソッドやサイレント・ウェイなど)。典型的な授業の構成はどのようなものから組み立てられているでしょうか。
5. あなた(もしくはあなたが観察しているクラスの教師)は移行の時間を扱うのにどのような決まったやり方をしているでしょうか。どのような決まったやり方が効果的でしょうか。

ペース配分

　ほとんどの言語の授業に使われている構成は、授業の全体的な目標に向けられた一連の副活動から成り立っているので、それぞれの副活動にどのくらいの時間を割り当てるかは指導において重要な問題である。ペース配分とは、一つの授業がそれ自体の勢いをどの程度保ったか、発展しているという感覚をどの程度伝えたかということである。授業のそれぞれの部分にどの程度の時間を割り振るかは、従って、教師が授業を計画したり実際に指導する際にしなければならない重要な意思決定なのである。ペース配

第6章　言語授業の構造　　　　　　　　　　　　　　　　　141

分にかかわる意思決定は、指導が学習活動に生徒がどの程度参加しているかとか、生徒の注意力が散漫にならないうちにある課題をいつ終了させ、別な活動に移るかなどにかかわっているので、相互作用的意思決定の重要な側面となっている。

　ペース配分については、教員研修の論文に様々な提言が示されている。授業での適切なペース配分を達成するためにおすすめの方略には次のようなものがよく含まれる。

- 不必要なまたは長すぎる説明や指示を避ける。生徒に学習という作業をどんどん自分で進めさせる。
- 授業全部を一つの活動に使うのではなく、一つの授業の中で多様な活動を行う。
- できる限り、結果が分かりきっていたり、反復的な活動は避ける。
- 適切な難易レベルの活動を選択する。
- 活動に目標と時間的な制限を設定する。明確な結論がなかったり、時間的な枠組みが与えられていない活動はほとんど勢いがなくなる。
- 生徒に十分な時間が与えられ、余分な時間が与えられていないことを確認するために、活動における生徒のできばえをモニターする。

　ESL のリーディング指導のうまい教師を研究して、リチャーズ (Richards 1990) は、ペース配分がその教師の授業における重要な特徴の一つであることを見出している。これは、それぞれの授業に多様な活動を含めることで達成されているのである。

　　この教師は多種多様な学習経験を授業の中に持ち込んでいる。観察した授業では、4種類の異なる活動が使われていた。この活動における多様性が、教室における課題や授業の活発なペース配分に対する生徒の前向きな態度によい影響を与えていたと思われる。(p. 96)

　ティクノフ (Tikunoff 1985a) は、ペース配分が教師にコントロールされることも、また、生徒に誘導されることもあることを指摘している。

　　場合によっては、ペース配分は完全に教師のコントロールのもとに置かれる必要がある。例えば、指示がなければどの生徒も次の課題に移ってはいけないなど。しかし、その他の場合には、特にいくつかの課題が

同時進行で行われているときなど、ペース配分は調整可能である。この場合、ある課題に費やすことができる適切な時間について、そしてその課題がいつ完成されるべきかについての理解がなければならない。多くの教師は、ある課題を完成させるための時間を含め、生徒と契約を取り決めることにより、この分野の選択肢を増やすことができる。(pp. 62-3)

これから ESL/EFL の教師になろうとしている人向けの研修用の説明書では、ペース配分は基本的な指導技術として見なされている。例えば、ガウワーとウォールターズ (Gower and Walters 1983: 43-4) は、教室運営についての議論の中で、次のように述べている:

> タイミングの取り方をうまくした方がいい。一つの活動があまり長く続くと、だらだらする。逆に十分に長くないと、満足感が得られない。もし、一つのグループが早く終了したら、そのグループには関連した追加の活動を与えること。または、その時点で、全グループ一斉に止めさせようと思ってもよい。しかし、どのグループやペアにも何もせずぶらぶらさせてはいけない。一般的にいって、だいたい大まかなねらいが達成されていれば、次第に先細りになるより、うまくいっているときに活動を止める方がよい。

〈ディスカッション〉
1. あなたは、かなり早いペース配分をもった授業の方がそうでない授業と比べて必然的によいと思いますか。それはなぜですか。
2. 教師が自分の授業のペース配分をモニターするための方法を1～2個提案しなさい。
3. 教師が自分の授業のペース配分を改善するための方法を1～2個提言しなさい。
4. ペース配分とは、授業の弾みを生むための方法です。授業の弾みにはどのような要素がかかわっていますか。

終わり

　授業の構成でもう一つ大切なことは、授業を効果的に終わりにもっていくことである。終わりとは、(a) 授業で学習したことを一層強固にする、(b) 授業の内容を統合し、復習する、(c) 生徒を今後の学習に向けて準備させる、などの目的を果たすために行われる授業の終了部分を指す。効果的な授業の終わりを作り出すためにいくつかの方略が活用できる。これらの方略は、授業内容の学習を促進する働きをするだけでなく、授業に一つの有機的なまとまりをもたせるようにする。教師が効果的な終わりを達成するための方略には次のようなものが含まれる：

・授業で扱ったことを要約する。
・授業のポイントを復習する。
・授業をコースや授業の目標と関連付ける。
・その授業と以前の授業との関連を指摘する。
・授業が生徒の実生活上のニーズとどのように関連しているかを示す。
・次の授業との関連を付ける。
・授業で生徒が達成したことをほめる。

　どのような種類の方略が特に活用されるかは、授業のタイプ（例えば、討論活動や講義とか）やクラスのレベルによって異なる。例えば、討論活動であれば、通例、討論で生徒によって取り上げられた主要なポイントをまとめたり、討論を授業の目標や以前学習した内容に関連付けたり、討論で得られた成果を他の場面に応用したりすることなどにかかわっている。このようなタイプの終わりは、考えやものの見方、一般化、そして結論などをまとめ、統合する働きをしている。それは、討論の最中に混乱した生徒に、全てをまとめさせることができるので、学習の重要な一部分になることがよくある。

　教師中心であり一方通行的な情報の提示になりがちな講義においては、終わりに関して別なアプローチが適切になる。通例、講義における終わりは、講義の中で触れた主要なポイントを振り返りながら、提示内容をさらに補強する働きをもつ。これは、生徒がどの程度理解したかを測定するために教師が質問することも含む。授業の終わりは、次の授業への移行を含むこともよくある。そこでは、生徒は考えるべき課題や、次の講義への導

入となるような課題を与えられるのである。

> 〈ディスカッション〉
> 1. この節にある授業の終わりのための方略のリストを振り返りなさい。この種の方略を他に考えることができるでしょうか。あなたが教えているタイプの授業でもっとも用いられている方略はどんなものだと思いますか。
> 2. 次のような授業に適切だと思われる授業の終わりのための方略を提案しなさい。(a) 原因と結果についてのパラグラフを書くことに焦点を当てた作文の授業、(b) 環境に関するトピックについてのディベートクラス、(c) 速読向けの方略に焦点を当てたリーディングのクラス。
> 3. 要求や提案をするということに焦点を当てた中級会話クラスで2時間指導して欲しいと依頼されました。どのような活動を授業に取り入れますか。それらの活動をどのように順序立てるでしょうか。どのような授業の始まりと終わりを設けるでしょうか。

発展活動

▶日誌活動

今週の日誌には、自分の授業や自分が観察した授業で構造化がどのように達成されていたか記述しなさい。授業はどのように始まったか。活動はどのような順序立てになっていたか。ペース配分はどのようになっていたか。授業はどのように終わっていたか。授業の構造化はどのくらい効果的であったか。

▶授業観察

1. 語学の授業を観察しなさい。授業を始めるとき、そして、授業を終えるとき、教師はどのような方略を使っていましたか。授業はどのようにいくつかの部分に分けられているでしょうか。次に、授業について、担当の教師にインタビューしなさい。この教師は自分の授業の構造につい

てどのような理論的根拠を示すでしょうか。
2. 活動間の移行という観点から授業を観察しなさい。この教師は一つの副活動から次の副活動への移行をどのように取り扱ったでしょうか。
3. ペース配分という観点から授業を観察しなさい。授業のペース配分は効果的だったでしょうか。もしそうなら、教師はどのような工夫をしたでしょうか。

▶授業報告

　アペンディクス4の授業報告用紙を活用し、自分の授業を1週間にわたって、始まり、順序立て、ペース配分、終わりという観点からモニターしなさい。自分で集めた情報を、他の教師の自己報告情報と比較しなさい。使われた方略はどのくらい似通っているでしょうか。

アクション・リサーチ　ケーススタディ 4

[授業における活動間の移行]

　この研究は、EFLの環境で教える中等学校の教師によって行われた。

初期省察

　私は中等学校で非常に大きな英語のクラス (44名) を教えている。私のクラスの生徒たちは、一生懸命勉強している。機械的な学習は得意だが、コミュニケーション活動には慣れていない。ペア・ワークやグループ・ワークなどを設定しようとするときは常に、グループ編成に時間がかかり、なかなか活動が始まらない。その結果、授業中に完成してほしいと思う活動を終わらせないうちに、授業終了のチャイムが鳴ってしまう。この原因は、私が活動間の移行をうまく対処していないからだと思うし、たくさんの時間が無駄にされているからである。

計画

　生徒がすばやく自分のグループに移動し、活動を開始するための行動計画を立てる必要があると考えた。そこで授業で二つの異なることを行うことを計画した。まず、固定グループを編成することに決めた。これは、いつも誰と一緒に活動を行うか生徒が分かっているようにするためである。次に、生徒に与えた私の指示が明確だったかどうか、そして生徒がこれか

ら何をやるべきか理解できたかどうか調べる計画を立てた。

　また、以上のような変更の結果を調べるための計画も立てた。毎授業のあと、授業中の活動間の移行がどの程度効果的だったかについて、そして、効果的だったりあまり効果的でなかった理由について、2分間をかけて自分の考えを書き留めることにした。さらに、月に一度同僚に私の授業に来てもらい、私が活動間の移行をどのように行っているか、グッドとブロフィ (Good and Brophy 1987) からヒントを得た様式を使って観察してくれるよう頼むことにした。

アクション

　次の授業で、私は生徒に以上の問題について話した。そして、一つの活動から次の活動に移るときにちょっと時間がかかりすぎると思うことを伝えた。そのことをどう思うかを聞いてみると、彼らも授業でちょっと時間が無駄に使われていることに同感だった。そこで、固定グループを編成するという私の考えを伝えると、それはいい案だと賛成してくれた。生徒は私が計画した活動のためのグループを編成したが、その活動が終わったとき、授業で行われるどんなグループ活動もこの固定のグループ編成で行うと告げた。

観察

　その後2週間にわたって、授業における移行時についてメモを取っていった。これらの記録を振り返ってみると、移行が以前より効果的に行われているようであった。私がグループ活動を行うことを告げると生徒はすぐに各自のグループに移動することができた。また、私の指示は生徒がすぐに理解できるほど簡単になっているようであった。これは、たぶん、生徒がグループ活動を行うという決まった流れに慣れ、多くの説明を必要としなくなったからであろう。

　アクション・プランを実行し始めて2週間後、同僚に私の授業を観察しに来てもらった。同僚は、生徒がすばやくグループに移動し、私の指示が大変明確であったことを確認してくれた。

　しかし、同僚は私の授業でその他に改善可能な3点を指摘してくれた。第1に、彼の観察によると、一つの活動を終わらせることをあらかじめ生徒に伝えておかなかったため、いくつかのグループは次の活動に移行するのに他のグループより時間がかかってしまった。第2に、生徒が使う必要

があった教材がすぐには取り出せないところにしまわれていたこと。第3は、2, 3のグループが早く終わってしまい、他のグループが終わり、私が次の活動への指示を出すまで何もせずただ静かに座っていただけだったことである。

省察

　以上の情報から、私が実行したもともとの計画は、うまくいったと思われる。つまり、生徒をより素早くそれぞれのグループに移動させ、より明確な指示を出すという目的は達成できた。これにより、生徒は与えられた活動により多くの時間を使うようになり、活動を授業時間内に完成させることができるようになった。

　しかし、私の教室運営にはまだ改善の余地があるようである。同僚から得られた情報をもとに新しい計画を作り出した。まず、生徒に与える活動にはどれも特定の時間制限をし、その時間が終了する1分前に警告を与えることに決めた。第2として、教室の前の中央に空いた机を置き、その上に授業で必要となる教材を全部置くことにした。そして、生徒も私も必要なときに簡単に使えるようにした。第3に、早く終了した場合に取り組む追加の活動を設け、ただ座って他の人たちが終わるのを待つことがないようにするつもりである。

アペンディクス1: 授業の始まり――活動を目的に関連させる

[目的]　　　　　　　　　　　　　　　　[活動例]

I. 適切な情緒的枠組みを作る
  a. 友好的でゆったりとした雰囲気を作る　　音楽、紹介、あいさつ、ジョーク、おしゃべり（個人的なもの、時事的なもの）
  b. 適切な物理的環境を作る　　生徒にいすや机などを配置させる
  c. 注意力を集中する　　あいさつ、聞き取り活動、視覚的な刺激（ビデオを含む）
  d. 授業を楽しいものにする　　ゲーム、気楽な口頭活動
  e. 全ての生徒を巻き込む　　ゲーム、ペア・ワーク、宿題の検討
  f. 自信を高める　　おしゃべり（身近な質問、時事問題）、制限活動、宿題（準備されているのでやりやすい）、全員でのコーラス活動
  g. 興味をかき立てる　　生き生きとした活動、または、変わったことなら何でも、授業の始まりに変化を!

II. 適切な認知的枠組みを作る
  a. 統合的な枠組みを作る　　前授業と関連させる、活動や授業の一部または全体の目的を描写する、トピックを紹介する
  b. （言語的、文化的）必要性に気づかせるようにする　　（例えば、絵についての）質問、クイズ
  c. 適切な言語的知識を引き出す　　ブレインストーミング、口頭活動
  d. 適切な経験を引き出す　　質問

III. 生徒の責任感や独立性を促進する
  a. 生徒に学習技能や方略を気づかせる　　自己発見的活動（例えば、暗記ゲームなど）、個々の生徒の方略を引き出す

IV. 教育組織としての必要な役割を果たす
  a. フィードバックを提供する　　（以前の）宿題の検討
  b. 以前の学習程度をチェックする　　クイズ、ゲーム、ブレインストーミング、要約を言わせる、質問、宿題の

第6章 言語授業の構造

　　c．時間や費用を重んじる　　　　チェック
　　　　　　　　　　　　　　　　　（これは、教師が何をするかより、時間を守ることや現実の社会との連携など、授業をどのように始めるかのほうにより関係がある。）

V．現実的な困難に打ち勝つ
　　a．遅刻の問題を少なくする　　　短い(復習)活動、おしゃべり

(I. McGrath, S. Davies, and H. Mulphin, 1992, "Lesson beginnings," *Edinburgh Working Papers in Applied Linguistic*, Department of Applied Linguistics/Institute for Applied Language Studies, University of Edinburgh, Scotland)

> アペンディクス 2：　コミュニケーション中心の授業における活動順序

8. 意見を言う、賛成する、反対する、討論する
[8.1　会話]
Sue: Well Ken, if you ask me, there's too much violence on television. Why, killing seem normal now.
Ken: Uh Sue, I'm not sure if I agree with you, I've never read any proof that supports your claim.
Sue: Oh Ken, it's common sense. The point is, is if you keep seeing shootings and muggings and stranglings, you won't care if it happens on your street.
Mary: I think that's interesting.
Ken: Maybe, but . . . I've never met people that are that apathetic about violence.
Sue: Oh I'm sorry, I don't see what you mean. Would you mind explaining that point?
Ken: Let me put it another way, Sue. The people on my street— they're not influenced by what happens on television.
Sue: Oh, but people may care about violence on their street, but not

about violence in general.

Ken: Wouldn't you say that...television is just a passive way of letting off steam?

Sue: Oh Ken, that's exactly what I mean! People watching violence to cool off proves my point—they get used to violence!

Mary: I think that's a good point, Sue. I mean, Ken, don't you see what she's saying?

Sue: Yes! There's got to be a better way to cool off!

Mary: I agree. Well, like talking with friends, or sports, or reading, or...

Ken: I agree with you, Mary. Anyway, TV's really boring, so why argue about it?

Sue: [*laughs*] I agree with you there.

Mary: [*laughs*] That's true.

[8.2 プレゼンテーション：意見を表明する]

議論に参加するように求められたとき、自分の話を聞いてもらえるようにしたり、自分の考えをまとめる時間を稼いだりするすべを身に付けておくと役に立つ。ここにいくつか役に立つ切り出し表現がある(リストの下の方になるほど、フォーマルな表現になる)。

INFORMAL	If you ask me...
	You know what I think? I think that...
	The point is...
	Wouldn't you say that...?
	Don't you agree that...?
	As I see it...
	I'd just like to say that I think that...
FORMAL	I'd like to point out that...

先生と話して、いつこれらの異なる表現を使うのが適切か、決めなさい。以上のような順序に賛成だろうか。もっと別な表現を提案できるだろうか。

[8.3 練習]

下の語句を用い、8.2の表現を使って、会話を作りなさい。

A: How do you feel about big dogs?
B: Well, if you ask me, big dogs are a nuisance.
A: Why do you think that?
B: Because they eat a lot of food, and run around where they're not wanted, and...

big dogs	foreign travel	cats	learning a foreign language
daycare	women drivers		downtown parking spaces
transistor radios		capital punishment	children

毎回、新しい表現を使うようにしなさい。

[8.4 練習]

3人のグループで話し合い、以下の話題についてお互いの意見がどんなものか探りなさい。

vacations	inflation	birthdays	air travel
Christmas	television	politeness	winter sports
lotteries	communism		

あなたのパートナーたちの意見を他のグループの人たちに紹介しなさい。

(L. Jones and C. von Bayer, 1983, *Functions of American English*, pp. 43–5, Cambridge University Press)

> **アペンディクス3： プロセス・ライティングの授業における活動の順序**

第1部　ライティング・プロセスの導入：観察や経験に基づいたライティング

ユニット1　草稿へ向けて　3
　第1章　　準備段階　4
　第2章　　アイディアを得る　7
　第3章　　草稿の準備　28
　第4章　　第1草稿を書く　47

ユニット2　原稿を扱う　63
　第1章　　主要なトピックに焦点を当てる　64
　第2章　　トピックをふくらませ、形作る　82
　第3章　　草稿を書き始め、終わる　105

ユニット3　再度原稿を扱う　121
　第1章　　書き直し　122
　第2章　　書き直した原稿の仕上げをする　135

(I. Leki, 1989, *Academic Writing-Techniques and Tasks*, p. xi, St. Martin's Press, New York)

> **アペンディクス4： 授業の構造化のための授業報告用紙**

　　　クラス ＿＿＿＿＿＿＿＿　　　日付 ＿＿＿＿＿＿＿
　　　授業の目標と内容 ＿＿＿＿＿＿＿＿＿＿＿＿＿＿＿＿＿

[始まり]
　　授業の始めに私が使った活動は　＿＿＿＿＿＿＿＿＿＿＿＿
　　この活動の目的は　＿＿＿＿＿＿＿＿＿＿＿＿＿＿＿＿＿
　　この授業の始め方の効果は

a）大変効果的だった。
　　　b）効果的だった。
　　　c）あまり効果的ではなかった。

[順序立て]
　　この授業には次のような活動順序があった。＿＿＿＿＿＿＿＿＿＿＿＿＿
　　＿＿＿＿＿＿＿＿＿＿＿＿＿＿＿＿＿＿＿＿＿＿＿＿＿＿＿＿＿＿＿＿＿
　　このように授業を順序立てた理由は　＿＿＿＿＿＿＿＿＿＿＿＿＿＿＿＿
　　＿＿＿＿＿＿＿＿＿＿＿＿＿＿＿＿＿＿＿＿＿＿＿＿＿＿＿＿＿＿＿＿＿
　　この順序立ての効果は
　　　a）大変効果的だった。
　　　b）効果的だった。
　　　c）あまり効果的ではなかった。

[ペース配分]
　　ペース配分をうまく行うために私が使った方略は　＿＿＿＿＿＿＿＿＿＿
　　この方略の効果は
　　　a）大変効果的だった。
　　　b）効果的だった。
　　　c）あまり効果的ではなかった。

[終わり]
　　授業を終えるために私が行った活動は　＿＿＿＿＿＿＿＿＿＿＿＿＿＿
　　この活動の目的は　＿＿＿＿＿＿＿＿＿＿＿＿＿＿＿＿＿＿＿＿＿＿＿
　　この終わり方の効果は
　　　a）大変効果的だった。
　　　b）効果的だった。
　　　c）あまり効果的ではなかった。

第7章　第2言語教室におけるインタラクション

　異なる言語指導法の背後にある共通のテーマは、第2言語学習が非常にインタラクティブ(相互作用的)なプロセスであるということである。指導における非常に多くの時間が教師と生徒の間のインタラクションや生徒同士のインタラクションに充てられている。このようなインタラクションの質は学習に大きな影響を持つと考えられている (Ellis 1985)。この章の焦点は、教室におけるインタラクションの本質は何か、教師は自分の教室で行われるインタラクションにどのような影響を与えるかという点に置かれている。これらの問題は、授業における教師の行動範囲や学習者のインタラクション能力、学習者のインタラクションスタイル、そして、グループ編成が教室のインタラクションに及ぼす影響などを研究することによって、探求されることになる。

教師の行動区域

　次のメモは、ある教師が授業を指導したあと書いたものである。

　　私は今日、環境問題についての討論を中心に授業を行った。授業はうまくいった。まず、私たちの町における環境問題について話すことでこのトピックの導入を図り、生徒に私たちが直面する主な環境問題の例を挙げさせた。クラスからは多くのコメントが出され、誰もが何かを発言したり、意見を言う機会があった。10分後、生徒を小グループに分け、私たちが話した問題の一つについて話し合い、その解決策を見つけ出すように言った。この間、私はクラスを歩き回り、生徒の言語使用をモニターしたり、フィードバックを提供したりした。20分後、それぞれのグループのリーダーにそのグループでまとめた提言を報告させ、私がその中のキー・ポイントを板書した。

　次のコメントは、上の授業を見た人が記したものである。

教師がクラス全体に話していたとき、前の方の中央に座っていた生徒たちが教師の質問の大半に答えていた。
教師が教室を歩き回っているとき、特定のグループと話すことが多かった。

一つの授業についてこれらの印象があるということは、教師自身の意図にかかわらず、教師は、特定の生徒たちと比較的より頻繁にやりとりを行うことがあるという事実をはっきりと示している。教師は、一般的に、生徒たちを公平に扱い、クラスのどの生徒にも等しく授業に参加する機会を与えようとするが、他の生徒より特定の生徒とより多くやりとりを行うことを避けることは難しいことがよくある。これが原因で教師の行動区域と呼ばれるものが生まれるのである。行動区域とは次のようなもので示される。

教師としょっちゅうアイコンタクトを交わす生徒たち
教師が質問をする生徒たち
授業で積極的な役割を果たすよう指名されている生徒たち

これらの生徒たちは教師の行動区域の中に位置していて、この区域の中に入っていない生徒たちより授業に積極的にかかわる傾向がある。多くの教室で、この区域は前列中央の席、中央通路席を中心にしている。教師が教室の前で指導している場合、これらの席に座っている生徒たちは教師に近くなるので、授業に積極的に参加する機会を得る可能性が高い (Adams and Biddle 1970)。しかし、教師自身が個人的な行動区域をもっていることもよくある。例えば、ある教師は、

教室の左手の方より、右手の方をよく見る。
男子より女子をよくあてる。
特定の民族的背景をもった生徒たちを別の民族的背景をもった生徒たちより多くあてる。
名前が覚えやすい生徒たちを多くあてる。
頭の良い子を他の生徒より多くあてる。
あまり英語力が高くない生徒が混ざっている混合クラスでは、第一言語を話す生徒に焦点をあて、他の生徒にはあまりいろいろとは要求しない傾向がある。
(Schinke-Llano 1983)

この観察表は教室の座席表を活用している。観察者はインタラクションが行われるたびに、インタラクションのパタンを記している。矢の横棒は、授業の中で発生したインタラクションの回数を示す。

記号:

↓ 教師が生徒と話す　　　□ 生徒机

↑ 生徒が教師と話す　　　E 空き机

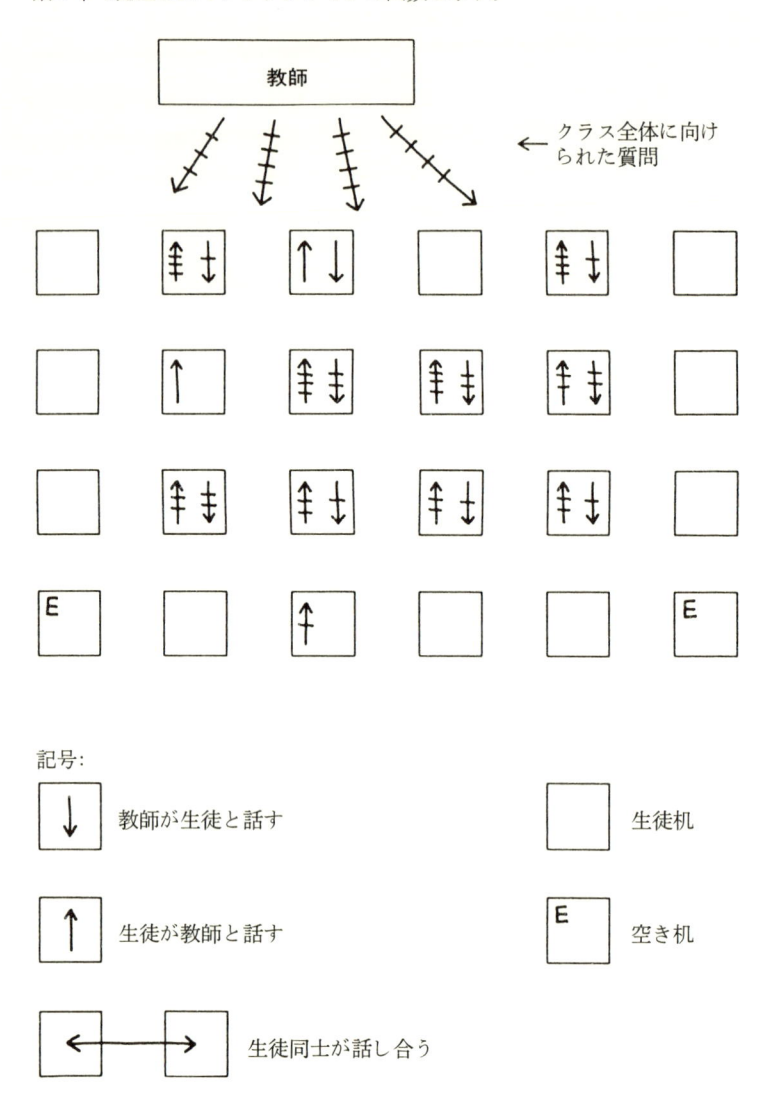

←→ 生徒同士が話し合う

図 1: 授業中の教師と生徒の相互作用

図1は、ある教師の行動区域を観察者が記録したもので、教師がクラス全体とクラスの一人一人の生徒に話しかけた回数と、個々の生徒が教師とやりとりを行った回数を、座席表に記したものである。

教師の方は、クラスの全員の生徒が授業に参加する機会を平等にもっていると思っているかもしれないが、図1で、事実は必ずしもそうではないことが分かる。この授業中、教師はクラス全体に19回話しかけ、22名の生徒のうち12名とだけやりとりをしている。また、この教師は右端と左端の列に座っている生徒を見過ごしていて、行動区域が部屋の中央にあるように見える。もし学習において積極的な参加が重要なら、教師の行動区域に入っていない生徒は不利ということになる。

〈ディスカッション〉
1. もしあなたが授業を担当しているなら、自分には指導するとき明確な行動区域があると思いますか。それは、クラスの一部の生徒を他の生徒よりひいきしていることになりませんか。もしそうならば、どのように自分の行動区域を変えることができるでしょうか。もしあなたが、授業を観察しているのなら、その教師ははっきりとわかる行動区域をもっているでしょうか。
2. 学習者の中には、授業において積極的で公的な役割を果たすのが好きなため、教師の行動区域に入りたいと強く望む人たちがいます。他の学習者は、喜んで教師の行動区域の外側にいることもあります。全ての生徒が授業の積極的かつ公的な参加者であるべきなのでしょうか。それはなぜでしょうか。

インタラクション能力

教師には、全ての生徒に平等に参加する機会を与えるように授業におけるやりとりを調整できる能力が必要であるが、学習者の方も、教室でのやりとりの方法を学ぶ必要がある。これは学習者の「インタラクション能力」と呼ばれているもの (Tikunoff 1985a, b) で、クラスの他の生徒や教師との間で行われるインタラクションと行動の特別なパタンを学習するこ

とを意味している。インタラクション能力は、いくつかの次元の教室行動を含んでいる。

教室でのインタラクションの礼儀をわきまえる

　教師は教室での望ましい行動について自分のルールを作る。例えば、ある教室では、授業の始めに教師が部屋に入ると気をつけの姿勢で立ち、声をそろえて教師にあいさつをし、座って指示を待つ。生徒が質問をしたいときは、手を挙げる。先生から質問されたときは、立ち上がって答える。授業の終わりには、教師が解散させるのを待って、教室を出る。しかし、他の、それほど伝統的でない教室では、教師が教室に入る前から生徒は活動に取り組み始めている。その場合、教師は適切なタイミングが来るまで待ってから、新しい指導ポイントを導入する。質問をするとき生徒は手を挙げず、「すみません」といって教師の注意を引きつける。生徒が他の生徒と相談するために席を立ちたいと思う場合、教師の許可を得ずにそうする。授業の終わりには、自分の課題が終了したら先生から公式の解散宣言が出されるのを待たずに、教室を出ていく。

個人作業や共同作業のためのルールを知る

　生徒は、また、いつ一人で課題にあたるか、いつ他の生徒の援助や協力を求めたりするのが適切か、知っている必要がある。各教師は教室での活動に関する自分なりのルールや手順を設定する。しかし、教師のルールが生徒にとって明確でない場合、彼らは教師の目には不適切であるような振舞い方をすることがある。これは、ある教師による次のコメントに現れている。

　　私がある課題をやるようにと言ったのに、立ち上がって部屋を歩き回りたくて問題になる生徒が何人かいます。彼らは、私から援助を受けるよりも課題について他の生徒と話すことの方に興味を持っているようです。

　学習者のこうした行動は文化的な要因による可能性がある（第5章参照のこと）。例えば、フィリップス（Phillip 1972: 377）は、アメリカ・インディアンの子供たちとそれ以外の子供たちの教室行動における違いを次のように記している。

第7章　第2言語教室におけるインタラクション　　　159

　インディアンの生徒の側には、教室での秩序だったインタラクションの背景となる基本的なルールを身に付け、それに沿って行動しようとする興味、意欲、また能力もあまりないようである。一番顕著なのは、インディアンの子供たちはそれ以外の子供たちより、教師をすべての教室活動の演出家や管理者として受け入れようとしないことである。彼らは、教師と生徒の間の1対1のコミュニケーション関係を築くことにそれほど興味がなく、教室で何が進行していようと関係なく、自分たちの仲間との関係を維持し発展させることにより興味を示す。

　教師の中には、新しい生徒グループに関しては非常に早い段階から適切な教室行動についての期待や手順をうち立てる教師もいるが、一方、自分の期待するところを明確にしない教師もいる。この場合、教師の側も生徒の側もとまどうことになることもある。

いつ質問をしたり、質問に答えるべきかを知る

　教師がどの程度生徒に積極的に参加するよう奨励するかは、教師によっても、そして文化によっても異なるが、一般的に、教師は学習者が授業中に質問をすることを期待している。新しいクラスに入ったとき、学習者にとっての最優先事項は、自分たちの期待される参加レベルを知ることであり、質問するときには、先生をいつどのように中断させるのがよいか知ることである。教師は、生徒がいつ質問をし、いつ質問をしてはいけないかについて、それぞれ、自分の好みがある可能性がある。例えば、教師の中には、質問によって授業の流れが中断されるよりも、授業中に特定の質問時間を設ける方を好む人たちがいる。別な教師は、生徒が質問したいときにするのを好む。生徒はまた、教師からの質問にどう答えるかについて異なる期待をもっている可能性がある。ある文化においては、生徒は、指されるまで待ったり、自分で正しいと確信があるときしか答えない場合がある。しかし、語学の教室においては、質問に答えるということがその言語を練習する方法であると見なされているので、生徒は積極的に参加するよう期待されているのが一般的である。

課題を完成させるとき、いつどのようにして援助を得たり評価を得たりすべきかを知っている

学習者はまた、授業中援助を得るときにどのようなルールがあるか学ぶ必要がある。教師に尋ねるべきだろうか。他の生徒に頼るべきだろうか。または、他の人の迷惑にならないように、黙っているべきだろうか。ティクノフ (Tikunoff 1985b) はアメリカのバイリンガルの教室の生徒を調べ、授業課題を完成するのに、彼らは自分たちがうまくやっているかどうかをどのように知り、困難が生じたときはどこに助けを求めたかを調査した。できる生徒は、自分がいつ援助が必要か、どうその援助を得たらよいのかについて、知っているようであった。このことは、学習者の次のコメントに現れている。

　　あることをどうやったらいいか分からないとき、先生が助けてくれるけど、助けが必要でないときは、先生のところに行かなくても大丈夫です。
　　必要なときは先生が助けてくれます、でも友達が助けてくれてもいいんです。
　　先生は、私が必要なら、休み時間でも放課後でも助けてくれます。

自分の知識を示すための適切なルールを知っている

　教室とは生徒が学習することが期待されている場所であるが、生徒が、学習したことをどのように他の人に示すかについてはルールがある。一部の教師、特に西欧の文化をもつ教師は、生徒に他の生徒の前で学んだことを示すように奨励する。教師が質問をし、クラスのある生徒がその答えを知っているならば、その教師はその生徒が質問に答えることを期待するのが普通である。しかし、他の文化をもつ生徒は、このように自分の知識を公に示すことは他の生徒から「見せびらかし」と思われると感じることがある。このため、質問に答えないのである。しかし、ボンディ (Bondy 1990) が研究したリーディングのクラスの何人かの生徒は、人前での知識の開示を高く評価していたことが知られている。彼女によると、読解の能力を人前で示すことは、クラスの何人かの生徒にとってステイタスのみなもととなるようである。彼らは、他の子供たちの前でコメントをするが、それは、それが、読解ができ、読解の活動にうまく取り組むことができるという事実を浮き彫りにするからである。「リーディングは、ほめられたり、褒美を得たり、他人に認められるために行われる活動のようです」

(p. 36)
　教室で知識を示す際の適切なルールをお互いの共通理解にしていくプロセスは、教師にとっても学習者にとっても重要な問題である。教師にとっても生徒にとってもそれぞれ相手の行動を支配する仮説を発見するには、しばらく時間がかかる。

〈ディスカッション〉
1. あなたの国や組織では、教室でのインタラクションにおけるエチケットにはどんなルールがあるでしょうか。
2. もしあなたが授業を担当しているなら、自分の授業におけるエチケットがあるでしょうか。
3. あなたがよく知っているコンテクストにおいて、文化的な要素が言語学習者のインタラクション能力に影響を及ぼすことを示すような例を他に知っているでしょうか。

学習者のインタラクション・パタン

　インタラクション能力という概念は、授業に適切に参加するために生徒が従うべきルールを指す。しかし、個性や個別の学習スタイルにおいて個人的な違いがあるため、どのクラスにおいても、学習者間で異なるインタラクション・パタンが見受けられることが多い。グッドとパワー (Good and Power 1976) は6つの異なるインタラクション・パタンについて述べている。これらのうち最初の4つは、第3章で議論した4つの認知スタイルが特定の教室行動につながっていることを映し出しているように見える。残りの2つのインタラクション・パタンは学校教育への否定的な反応を表現したものであり、従って、以前に議論した4つの認知スタイルと関連づけることはできない。

　課題志向の生徒(具体的学習スタイルを参照)　この生徒は、一般的に高い能力を持ち、難しい課題をうまくやり遂げる。学習課題に積極的に取り組み、課題を非常に正確にやり遂げるのが普通である。彼らは学校が好き

で学習を楽しんでいる。教師の援助をほとんど必要としないが、自分で必要だと感じるときはためらわず援助を求める。協力的な生徒であり、ほとんど規律上の問題は起こさない。

幽霊生徒（分析的学習スタイルを参照）　この生徒は、一般的に良い生徒であり、授業課題に着実に取り組むが、教室では人に気づかれず、また発言も聞くことはあまりない。しかし、授業の活動にはほんのたまにしか積極的に取り組まず、めったに会話を始めることはなく、助けを求めることもない。授業や他の生徒のじゃまをすることはないが、教師や他の生徒はこの生徒のことをあまりよく知らない。

社交的生徒（伝達的な学習スタイルを参照）　この生徒は個人的なインタラクションに高い価値を置いている。授業課題をやることには有能であるが、授業の課題を完成させることより友達とつきあうことに価値を見いだす傾向がある。クラスの他の生徒に教えたり、授業に積極的に参加することを楽しむが、この生徒の答えは必ずしも正しいわけではない。クラスメイトの人気はあるが、学習への態度が教室の運営上の問題を引き起こすことがあるので、教師にはそれほど人気がないことがある。時におしゃべりが過ぎたり、自分が必要だと思うときにためらわず教師や他の生徒からの援助を求めようとすることがある。

依存的生徒（権威的学習スタイルを参照）　この生徒は、授業課題を完成するのに教師の援助と指導が必要であり、頻繁に励ましや援助を与えられければ、課題に対する集中力を維持できない傾向がある。課題を完成させるには支援体制と指導が必要であり、大きなグループの中ではうまく作業ができない傾向がある。教師や他の生徒にたよってしまい、自分の学習がうまく行っているか言ってもらう必要があり、もしそうでなければどのように問題を修復したらよいか言ってもらう必要がある。

孤立生徒　この生徒は、自分を他の生徒から切り離し、授業におけるインタラクションから退いてしまう。仲間活動やグループ活動のような活動に背を向けて学習状況を避けてしまう。他の人と作業を共有したり、他の人が自分の作業に反応することに、とまどいを示す。その結果、学習課題

を達成するのが、あまりうまくならない傾向がある。

疎外生徒　この生徒は指導や学習に反抗し、敵意を持ったり攻撃的になることが多い。規律上の問題を生じ、周りの生徒が作業をするのを困難にする。注意深い監督が必要であり、学習上の問題は個人的な問題に関係していることが多い。

以上のような分類は、生徒の授業におけるインタラクション・パタンに関する有用な一般性をとらえることができるが、この種のシステムのほとんどはやや恣意的であり、生徒を簡単に一つのカテゴリーに分類できるわけではない。例えば、生徒は、ある特定の学習課題に対してはあるインタラクション・スタイルを採り、別な課題には別なスタイルを採ることがある。このような分類システムの有効性は、単に、個々の生徒が違ったインタラクション・スタイルを好むことがあり、全ての生徒にとって理想的であるようなインタラクション・スタイルなど存在しないことを思い起こさせる役割を果たすことである。

〈ディスカッション〉
1. 課題志向の生徒、幽霊生徒、社交的生徒、依存的生徒という分け方は、あなたがよく知っている生徒たちに当てはまるでしょうか。もしそうでなければ、インタラクション・スタイルにおいて他にどのような違いが生徒の間で生じるでしょうか。
2. 学習に対する自分自身のアプローチを振り返ってみなさい。自分のインタラクション・スタイルをどのように描写しますか。
3. あなたは、自分のクラスの生徒に(または、学習者に)どのようなタイプのインタラクション・スタイルを推奨しますか。あなたは、生徒が好むインタラクション・スタイルの違いに応じてそれぞれの生徒に違った対応をするでしょうか。
4. 仲間とともに、学習者が好むインタラクション・スタイルを特定するためのアンケートを開発しなさい。

グループ編成

　学習者は教室におけるインタラクション・スタイルに対して個人的な好みをもっているが、教室のインタラクション・ダイナミックスの多くは、授業でどんな学習環境を設定するかに関して教師が行った選択の成果なのである。たいていの教師は、指導している授業の種類に応じながら、次のような学習環境を用いている。ただし、教師によっては、あるものを他のものより頻繁に活用することはある。

　全クラス指導　教師がクラス全体を導いて学習課題をこなす。例えば、新聞記事についてのディスカッションを行う。クラスの各人にその記事について質問をしたり、コメントを引き出したりする。
　個人的作業　クラスの一人一人の生徒が、仲間とやりとりをせず、また、公的には教師とやりとりをせずに、課題に個人的に取り組む。例えば、ワークシートをやりながら文法の練習をやるなどである。
　ペア・ワーク　課題を完成するのにペアで作業する。
　グループ・ワーク　学習課題に対して生徒はグループで取り組む。

　特定の学習課題に対して適切なグループ編成を選択することは重要な意思決定である。次に、グループ編成に影響を与えるいくつかの要素について考察する。

全クラス指導

　指導法に関する研究によると、全クラス指導法は、特に授業の始めにおいて、公の学校教育で最も一般的に用いられているモデルのようである。全クラス活動では、

　　教師は必要事項を復習することから授業を始めるのが典型的で、その後、新しい概念や技能を導入し、展開する。それに続いて、クラスに暗唱をさせたり、制御された練習や応用活動をさせる。次に、生徒に自分でやらせる自習課題や宿題を課す。教師は、時々、クラス全体ではなく、小さなグループを指導することがある(特に読解の指導を始めるとき)し、個人の自習課題をやらせているときには、いわゆる「机間巡視」して、ある程度の個人指導をすることもある。

(Good and Brophy 1987: 353)

　教室内インタラクションの研究者は、教師主導の全クラス活動における教師—生徒のインタラクション・パタンを記述し分類するための観察法を開発している。普通のクラスにおける教師—生徒のインタラクションを観察するために開発された有名な観察法は、ことばのやりとりを描写するのに7タイプのカテゴリーを設けている(Brown 1975: 67):

- TL　教師が講義をする(Teacher lectures)——描写し、説明し、語り、指示を出す。
- TQ　教師が質問する(Teacher questions)——内容や手順について質問し、生徒が答える。
- TR　教師が反応する(Teacher responds)——クラスの気持ちを受け入れる、脅すような調子ではなく過去や未来の気持ちを描写する。ほめる、奨励する、生徒に冗談を言う。生徒の考えを受け入れたり活用する。生徒の反応をもとに組み立てる。「いや、そうではなさそうだ」など柔らかい評言を活用する。
- PR　生徒が反応する(Pupils respond)——教師の質問や指示に直接、予想通りに反応する。
- PV　生徒が自主的に申し出る(Pupils volunteer)——情報やコメント、質問を自分から提出する。
- S　沈黙(Silence)——ポーズ、短い時間の沈黙。
- X　分類不可能(Unclassifiable)——コミュニケーションが理解不能な混乱。生徒をしかったり、非難するなど日常的ではない活動。教師や生徒の発話を伴わないデモンストレーション。教師や生徒の発話を伴わない短期間の板書活動。

　以上の観察法を、教師主導の全クラス活動で何が起こっているかを描写するのに応用してみると、第2言語教室と第1言語教室において発見されたものは同じものである。つまり、授業時間の約70%が、教師の発言や質問に使われているということである(Chaudron 1988)。このパタンは図2(pp. 166-7)に示されているが、これはブラウンによって開発された方法に従って、3秒間隔にコード化された授業部分を示している。

　語学クラスにおいては、全クラス指導について利点もあれば問題点もあ

例 1

TL		/	/							
TQ				/		/		/	/	
TR										
PR					/		/		/	/
PV										
S										
X		/								

　これはドリルタイプの授業である。簡単な算数や外国語の授業、そして復習の授業によく見られる。

例 2

TL		/	/	/				/	/	
TQ					/				/	
TR							/			
PR						/				/
PV										
S										
X										

　これは、どんな教科のどんな授業でも見られる最も普通なパタンである。教師の短い講義の後、教師の質問があり、生徒が答え、それに教師が反応し、さらに教師が話す、という形になる。

例 3

TL															
TQ	/			/			/								
TR		/	/		/	/		/				/	/	/	
PR		/			/	/		/	/	/			/	/	/
PV									/	/	/				
S															
X															

　これは英語の授業ではかなり普通のパタンである。継続的な TR が PR だけでなく PV も生じさせ、教師はそれをもとに活動を続ける。

(Brown 1975: 77-8)

図 2：3 秒間隔にコード化された授業部分

る。利点の中には次のようなものがある。

- 大勢の生徒を一斉に指導することを可能にする。国によっては、1 クラスに 50 名や 60 名の生徒がいることは普通のことで、当然、全クラス活動をたくさん活用する必要がある。
- 教室に数名の ESL の生徒が含まれているような学校の場合、その ESL の生徒たちは自分たちが主流グループの一員であるという実感を得ることができるし、特別扱いのため取り出し教育を受けることなく、主流派と同じ立場で機能することができる。
- あとで行われる個人で、また、グループで完成される活動の準備として行うことができる。

しかし、全クラス指導の批判者たちはいくつかのデメリットを指摘している。

- このような指導は教師支配的であり、生徒の積極的な参加の機会がほとんどない。
- 教師の行動区域の研究から分かるように、教師は、クラスのほんの少

数の生徒とだけやりとりする傾向がある。
- 全クラス指導は全ての生徒が同じペースで学習すると想定している。しかし、スローラーナーが落ちこぼれたり、できる生徒が抑制されることもある。

教師は、全クラス活動を変えて、もっと生徒の参加を勧めることもできるが(例えば、活動の最中にときどき話を止めて、生徒に自分の答えをパートナーと比較させるようにするなど)、自分の授業に他のタイプの指導を含めるようにし、学習者に教室での様々なコミュニカティブなインタラクションの機会や個人的な言語使用の機会を与える必要がある。

個人的作業

個人的作業、または「自習課題」(seatwork) は、一般的に言って、教室で第2番目に頻繁に活用されるものである。それには、自習課題を完成する、読解用の文章を読む、質問に答える、教科書やワークブックの練習問題をやる、作文やエッセイを書くなどの活動が含まれる。個人的作業の利点には次のようなものがある。

- 学習者に自分のペース、自分のやり方で進める機会を与える。
- 学習した技術を練習し応用する機会を与える。
- 教師が生徒の進歩を測定できる。
- 教師は、個人の能力や必要性に応じて異なった活動を異なった学習者に割り当てることができる。
- 学習者に次に行われる活動の準備をさせることができる。

問題点には次のようなものがある。

- 教師や他の生徒とのやりとりを行う機会があまりない。
- 個人的作業の最中は、生徒が実際何をやっているのかモニターするのが難しい。
- 生徒は異なる時間に課題を完成させ、何もやることがなくなる可能性がある。それで、規律上の問題が生じる。

個人的な作業をうまく行えるようにするため、個人的作業の成功例のいくつかの特徴が明らかにされている (Good and Brophy 1987: 233-4)。

・個人的作業は、単発的で時間つぶし的な活動にするより、他の学習計画と関連させて計画を立てるべきである。
・生徒には明確な目標をもつ特定の課題を与えるべきである。モニターを行ったり、追跡調査をしたりして、生徒が課題を理解し正確に達成しようとしているか判断すべきである。
・課題は適切な難易レベルのものであるべきである。
・生徒は、課題が完了したら次にどうすべきか知っているべきである。

ペア・ワーク

　語学教室では、全クラス指導や個人的作業に対するニーズがあるのは確かだが、他の種類のインタラクションがなければ、生徒が新しい言語を使ったり学んだりする有益でやる気を出させるような機会は奪われてしまうことが強調されている。教室においてペアや小グループを活用するような様々な新しい指導形態が提言されてきている (例えば、共同学習法やコミュニカティブ言語教授法など)。ペアやグループで他の生徒とインタラクションを行うことを通して、生徒は自分たちの言語的資源をあまり恐怖感を感じない状況で利用し、色々な種類のタスクを完成させるためにそれを活用する機会が与えられる。実際、言語的能力及びコミュニケーション能力の両方の面の多くが発達すると研究者が考えているのは、このようなインタラクションを行うことを通してである。「人は会話の仕方を学び、ことばを使ってインタラクションを行うことを学び、そして、これらのインタラクションから統語的な構造が発達する」(Hatch 1978: 404)

　ロング (Long 1983) とクラッシェン (Krashen 1985) の二人とも、第2言語学習者が意味のあるタスクや情報の交換に焦点を当てたインタラクションを行うと、各学習者は、(a) 自分の会話の相手から理解可能なインプットを得ることができ、(b) 一層意味をはっきりすることを求める機会や自分のアウトプットに対するフィードバックを求める機会が得られ、(c) 学習者の理解のレベルに合うようにインプットを調整してもらったり、(d) このようなインタラクションから新しい構造や会話パタンを身に付ける機会が得られる (図3参照) と主張している。ロングは、注意深く計画されたペア・ワークタスクを行うと、学習者は「理解可能なインプット」(comprehensible input)、つまり、言語の習得を助けるような適切なレベルの言語を得ることができると主張している。このインプットは、学習者

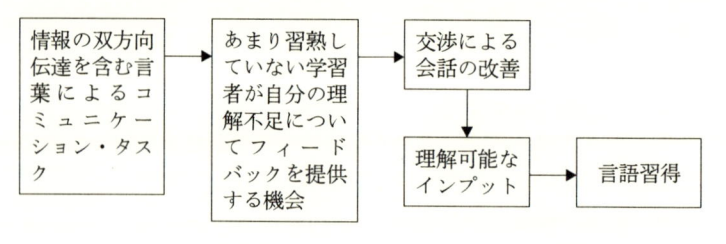

```
┌─────────┐  ┌─────────┐  ┌─────────┐
│情報の双方向│  │あまり習熟│  │交渉による│
│伝達を含む言│→│していない学│→│会話の改善│
│葉によるコ │  │者が自分の理│  └────┬────┘
│ミュニケー │  │解不足につい│       ↓
│ション・タス│  │てフィード │  ┌─────────┐  ┌─────────┐
│ク      │  │バックを提供│  │理解可能な│→│言語習得│
│         │  │する機会  │  │インプット│  └─────────┘
└─────────┘  └─────────┘  └─────────┘
```

(Long 1983: 214)

図3: 会話タスクのタイプと言語習得の関係モデル

がタスクを完成させようとして参加するインタラクティブな意味交渉を通して得られるものである。

次のような要素がペア・ワークタスクの本質に影響する。

情報の流れ (information flow) ペア・ワークタスクがよりよいインタラクションを促進するためには、両方の生徒は、お互いに異なる情報をもっている必要があり、問題を解決したりタスクを完成するために、それを共有していく。このようなタイプの情報の流れを伴うタスクは、双方向のタスクと言われる。一方、一人の生徒が新しい情報をもっていて、それを自分のパートナーに示すのは一方向のタスクと言われる。

成果中心 (product focus) 意味交渉やインタラクションの結果が、例えばリストや地図、完成された図や図表のような何らかの成果になるのなら、タスクはもっとやる気を刺激するようなものになる。

パートナーの選択 (choice of partner) 多くのペア作りが可能である。例えば、能力的に混ったもの、また能力的に同じレベルのもの、民族的または言語的背景の混ったものなど。ペアの組み合わせを時々変える必要性は、ペア・ワークタスクが普段用いられているなら、一つの課題となる。

パートナーの役割 タスクによっては、二人の生徒が同じ役割を果たすが、そうでないタスクの場合には、一人のパートナーが先生役として機能することもある。

グループ・ワーク

　グループ・ワークの活用は、語学教室のインタラクション・ダイナミックスを変えるための、もう一つのよく引き合いに出される方略である。ペア・ワーク活動の利点に加えて、グループ・ワークにはさらにいくつかの利点がある。

- クラスに対する教師の支配性を減らす。
- クラスにおける生徒の参加量を増やす。
- 個々の生徒が目標言語の新しい特徴を練習し活用する機会を増やす。
- 学習者間の協力を促進する。
- 教師がもっと援助者 (facilitator) やコンサルタントとして機能できるようにする。
- 学習においてもっと積極的な役割を学習者に与える。

　うまくいくグループ・ワーク活動は次のような要素についての意思決定にかかわっている。

グループ・サイズ　グループ・ワークを行うための適切なサイズは、生徒が行っているタスクの種類によって決められるべきである。グループが大きすぎると、生徒のインタラクションは影響を受け、ほんの数人の生徒だけが参加し、他の生徒が黙っていたり、受け身になることがある。

目的　グループ活動が、焦点がしぼられた生産的な活動であるためには、目標や手順、そして、その活動を達成するための時間の枠組みが必要である。

役割　グループのメンバーのそれぞれの役割を決定しておかなくてはならない。メンバーは皆同じ役割を果たすのだろうか。グループ・リーダーや書記は必要だろうか。タスクを完成する場合、生徒はそれぞれ違った役割を果たすのだろうか。

　授業のインタラクション・ダイナミックスは、教師と生徒のインタラクション・スタイルや指導上の刻々変わる必要性、そして、指導と学習を促進するために組まれたグループ編成などの相関関係から生じてくると見なすことができる。授業はこのように、絶えず変化するインタラクティブな構造をもっており、それが、効果的な言語学習を妨げたり促進したりする

のである。

> 〈ディスカッション〉
> 1. 全クラス指導の潜在的問題点を最小限にするためにどのような方法が考えられるでしょうか。
> 2. 学習者の中には、他の学習者から学ぶより教師から学習したいと思い、ペアやグループ活動に抵抗する人がいます。あなたは、これは正当な拒否行為と思うでしょうか。どう対処できるでしょうか。
> 3. 全クラス指導から小グループやペア活動に移行することのもつ意味は、どんなものがあるでしょうか。教師や生徒の役割がどのように (a) 脅かされたり、(b) 強化されたりするでしょうか。

発展活動

▶日誌活動

1. 日誌に記入する場合、あなたのクラス(またはあなたが観察しているクラス)の個々の生徒がどのように授業に参加しているか、その例を記述することに集中しなさい。クラスの二人の対照的な生徒に焦点を当てて、彼らの教室におけるインタラクション・スタイルを一定期間描写することも考えられます。さらに、これらの描写で、あなた(またはその授業の教師)と学習者の間のインタラクションがどのように影響を受けたかを記述しなさい。
2. これからあなたが指導する(または観察する)いくつかの授業において、どの程度あなた(またはその授業の教師)が授業中に満足すべきレベルのインタラクションを達成しているか記述しなさい。授業においてインタラクションを促進するのに何がもっとも効果的な方略だったでしょうか。

▶調査課題

1. 学習者がペアやグループによるタスクを完成しようとしているのを観察しなさい。そのタスクはどのような種類の意味交渉を伴っているで

第7章　第2言語教室におけるインタラクション　　　　　　　　　　173

しょうか。このような意味交渉は言語習得を促進すると考えますか。
2. 次の授業の一部を描写したものを読みなさい。p. 165 で論じた教師—生徒のインタラクションを観察するためのブラウンの観察法を使ってこの授業部分をコード化しなさい。コード化してみた結果、この授業のインタラクション・パタンについてどんなことが分かるでしょうか。

▶授業記録

[この授業では、生徒は Benny と Penny という二人の人物の名前の発音表記と、shirt と shorts という二つの品物の名前が描かれた教材を見ている。]

T: さあ、だれが最初の文を作れるでしょう？...Penny について文を作りたい人はいませんか...または...アブデュラさん、Penny について文を作ってみなさい。
S1: What does Benn-...
T: いえ、疑問文ではなくて...普通の文を作ればいいんです。
S2: どっちですか。
T: いいえ、疑問文ではないです。
S2: あの...Benny ですか？
T: そうです、Penny について何か言ってみなさい。
S2: Benny washing-
S3: IS washing.　Benny IS washing.
S2: あー shirt...えー on the last day...the last day...on the last day...じゃないか。
T: Yesterday?
S2: そう。
T: じゃ...What did he wash yesterday?
S2: He was wash-...あー He washing.
T: モハメッド、助けられる？
S3: Penny washED his short...shirt.
T: そうね。...でも washED っていうかな？
S3: washED.
T: ちがうね、1 シラブルだけだから、washt って言うんだ。

S4:   Wash.
S3:   Washt.
S2:   Washt.
T: それに"tuh"というんだ..."ed"と書くんだけど、"washED"と言わず、"washT"って言うんだ...
Ss: washT...washT...washT...washT.
T: そうそう、じゃ、カリッド、What did Penny do yesterday?
S2:   He washt his shirt.
T: いいよ...モハメッド、Can you make a sentence about Benny?
S3:   He washed his shirt.
T: いや、絵を見てごらん。
S3:   あっ、shorts, shorts, he washed his shorts.
T: そのとおり、いいよ。

▶相互観察

同僚に、全クラス活動の間、あなたがクラスの生徒とインタラクションを行っているところに焦点を当てて自分の授業を観察してもらいなさい。観察者には、あなたがクラスのそれぞの生徒とインタラクションを行う頻度を記してもらいなさい。それから、立場を変えて、今度はあなたのパートナーのために同じことをしなさい。あなたは、限られた行動区域の中で指導していたでしょうか。そうでなければ、クラス全体の生徒とどうやってうまくインタラクションを行ったでしょうか。

▶観察

1.   あなたが観察するクラスの座席表 (p. 156 の図 1 のようなもの) を用意しなさい。授業中の教師―全クラス、教師―生徒、生徒―生徒のインタラクションをコード化しなさい。教師は、授業中、クラスの全ての生徒を参加させるのにどの程度成功しているでしょうか。
2.   アペンディクス 1 の観察用紙を使って語学授業の一部分をコード化しなさい。(コード化の方法の説明については、p. 165 を参照すること。) その授業ではインタラクション・パタンやスタイルが生じているでしょうか。それはどのように描写できるでしょうか。

第7章 第2言語教室におけるインタラクション

▶授業報告
　アペンディクス2の授業報告用紙を使って、2週間にわたるグループ編成をモニターしなさい。あなたが活用するグループ編成法にはどれほどの多様性があるでしょうか。そのグループ編成は学習者の間のインタラクションの程度や質にどのような貢献をしているでしょうか。

アクション・リサーチ　ケーススタディ5
[教室におけるグループ編成]
　このプロジェクトは、私立の語学学校で大人にEFLを指導している先生によって行われたものである。

初期省察
　私はいろいろな能力をもつ生徒が混合しているクラスを指導している。あまり能力のない生徒が授業中得られる音声練習の量が心配である。これらの生徒は一般的に言って控えめで英語を使おうとしない。彼らの多くは、他の生徒の前で話すとき間違いをすると当惑してしまう。何とかしてこのような生徒の自信を高め、彼らの流暢さを改善したい。私は、ペア・ワークは生徒に英語を練習する機会を与えるよい方法であると思い、私の授業でペア・ワークを日常的に使っている。しかし、あまり能力のない生徒を誰とペアを組ませるかについては確信がなかった。もし、あまり能力のない生徒ができる生徒をパートナーとすれば、ペア・ワークの際、できる生徒がそうでない生徒を助けることができるかもしれないと考えた。一方、あまりできない生徒はそんな生徒と話すことに当惑するかもしれないし、同じようなレベルの別の生徒と話す方がもっと気楽かもしれないとも考えた。そこで、色々なタイプのグループ編成の効果を探求することにした。

計画とアクション
　わたしは、学習の好みについて生徒にアンケートをし、あまりできない生徒がペア・ワークの間どのくらい実際に英語で発言したかを観察することから始めた。2週間の間、それぞれの生徒が単語、句、文、いくつかの文を英語で発言したときにメモを取り、以下の3つの異なる状況において彼らの言語使用状況を比較した。

あまりできない生徒がより流暢な生徒と一緒に活動する
あまりできない生徒が同じ能力の生徒と一緒に活動する
あまりできない生徒が先生と一緒に活動する

また、上の3つの状況においてペア・ワークをしているとき、あまりできない生徒の一人の発言を録音した。

観察

あまりできない生徒たちが先生と一緒に活動したとき一番英語の使用が少なかったと知ってもそれほど驚きはしなかった。しかし、彼らが、もっと流暢に話す生徒たちと活動する場合より、同じレベルの生徒と一緒に活動した場合の方が3倍も多く話したことを発見して大変驚いた。そこで、彼らは英語を話そうとする意欲はあるが、できる生徒と一緒に活動すると萎縮してしまうという結論を出した。

二人のあまりできない生徒の間で交わされた会話の録音を聞くと、彼らが交互に話をし、一方が会話を独り占めすることがなく、相互に語彙の面で援助していることが観察できた。会話はかなり流暢で正確でもあった。しかし、あまりできない生徒がより流暢な生徒とペアを組んだ場合のテープは、できる生徒が大変協力的でパートナーを助けようとしていたにもかかわらず、会話を支配してしまう傾向があり、パートナーにあまり練習する機会を与えず間違いを訂正しすぎることが見受けられた。

アンケートから、生徒はお互いに援助するとき、自立的でなければならないとき、教師がいつもそこにいるわけではないとき、常に自分の英語を訂正されないとき、さらに、テストされたりモニターされないときに、英語を使うことに対する自信がもてるということが分かった。

省察

この調査において、私は英語を使用することに関する生徒の態度や能力について多くのことを学んだ。生徒がどのように英語を使うかについて得られた情報は、私にとって重要なものだった。能力的に多様性のあるクラスの扱い方が発見でき、あまりできない生徒を動機づけたり勇気づけたりする方法も見つけることができた。このプロジェクトは、ペア・ワークを活用することの価値についての私の信念を一層強固なものにしてくれた。

アペンディクス 1: 観察用紙

TL＝教師が描写し、説明し、語り、指示を出す
TQ＝教師が質問する
TR＝教師が生徒の答えに反応する
PR＝生徒が教師の質問に反応する
PV＝生徒が情報やコメント、質問を自分から提出する
S　＝沈黙
X　＝分類不可能

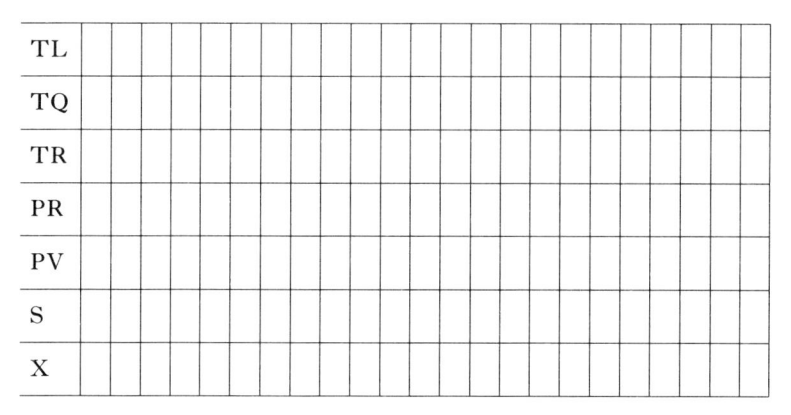

TL																			
TQ																			
TR																			
PR																			
PV																			
S																			
X																			

(G. Brown (1975) *Microteaching*, p. 70, Methuen & Co.)

アペンディクス 2: グループ編成に関する授業報告用紙

クラス ＿＿＿＿＿＿＿＿　　　　日付 ＿＿＿＿＿＿＿＿
授業の目標と内容 ＿＿＿＿＿＿＿＿＿＿＿＿＿＿＿＿＿＿

グループ編成	時　間	インタラクションの程度と質
例: 　　全クラス	10分	前列の生徒は積極的に質問に答えようとするが、教室の後ろの生徒は参加していない。

第8章　言語学習活動の本質

　この章では、教師が指導上の目標を達成するために活用する活動という観点から授業を検討していく。活動とは、「特定の指導/学習目標を達成するために選ばれたタスクである」と言えよう。指導に関する研究によると(例えば、Clark and Yinger 1979)、活動という概念は指導というものを理解するのに非常に重要である。それは、教師が自分の授業を組織化する方法だけでなく、指導というものをどうやって概念化するかにも影響する。この章では、ESL の授業で広く使われる活動を描写するとともに、教師が活動の計画を立てたり活用したりする際に考慮すべき意思決定について議論する。

　授業計画は、普通ある授業についての一般的な目標を考察することから始まり、次に、これらの目標を達成するのに役立つ活動について意思決定をすることにつながっていく。しかし、教師は、一般的な目標を細かな行動目標に分解し、それらに合った活動を開発するという方法より、特定の指導活動を考えながら個々の目標を作り上げていくことが多い(第4章参照)。マクドナルド (Macdonald 1965) とアイズナー (Eisner 1967) によると、目標についての考察が重要になるのは、活動そのものを開発しているときである。というのは、「学習の目標が学習の手段と統合される」のは、まさにこの場面だからである (Clark and Yinger 1979: 232)。このように、活動とは、「教室における計画と実践の基本的な構造単位である」(Clark and Yinger 1979: 237)。ニューナン (Nunan 1989b: 17) は同様に次のように観察している:

　　[教師たちは]授業や作業単元を自分たちのプログラムを構成する基礎的な要素と考える傾向がある。これらの授業や作業単元は、さらに、ある程度統合されたタスクやいろいろな種類の操作的な練習から構成されている。このように、教師の第一の関心事は、学習タスクをどうするか、さらに、それらを授業や作業単元にどのように統合していくかとい

うことに置かれる。

　それでは、言語学習活動の本質について詳しく検討していくことにする。

言語学習活動のタイプ

　語学教師は、生徒がいかに学習をするかについて自分たちの仮説や信条に基づき、また、そのような学習過程を最もよくサポートすると考える指導法に基づいて、指導について多くの異なったアプローチをとる。例えば、場面言語教授法に基づく授業においては、教室での活動の順序は、提示に始まり、制限練習に発展し、さらに自由練習になっていく（第6章参照）。プロセス・ライティング法では、活動は、書く準備から始まり、草稿書きから、書き直しまで発展する。技能を指導するクラスでは、教師は、次の2つの授業計画に見られるように、特定の副次技能や小技能をサポートする活動を選択することが多い。

授業計画 1

クラス：　　中級のリーディングとライティング　　　　第6週

目　標：　　リーディング方略を練習する
　　　　　　要約を書く練習をする

教　材：　　地球的規模の天気の変化についての新聞記事；
　　　　　　内容理解のための質問シート

活　動：　1) 新聞記事の見出しを板書する。生徒はグループに別れて、その記事が述べていることを4つ予想する。
　　　　　2) その記事のコピーを配る。生徒は5分間でそれを読み、記事の5つの主要なポイントを見つける。
　　　　　3) 生徒は答えを比較する。
　　　　　4) 生徒は再度記事を読み、ワークシートの内容理解のための

第8章　言語学習活動の本質

質問に答える。
5) 生徒は答えを比較する。
6) 生徒は記事の要約を2つのパラグラフで書く。

授業計画 2

クラス：	中級の上のリスニング	第3週

目　標：　オーセンティックなニュース放送を聞く練習をし、主要な情報を得る。

教　材：　テープ・レコーダー；テープ；ワークシート

活　動：　1) 生徒にグループで活動するように伝え、先週のニュースで報じられた5つの重要な出来事のリストを作るように言う。
2) グループで情報を共有する。
3) テープを再生する。生徒は、自分たちが述べた出来事のどれかがテープで語られているかどうか判断する。
4) ワークシートを配る。そこには、3つのトピックといくつかの質問が書かれている。生徒はそれらの質問に答えるため再度聞く。
5) 生徒はそれぞれのグループ内で自分たちの答えを比較する。
6) テープを再度再生する。テープの中の単語や表現に関して生徒が感じた困難について話し合う。

　リーディングを扱った授業計画1において、教師は授業を6つの活動に分けて、内容の予測、概要の把握のためのリーディング、詳細な理解のためのリーディング、フィードバックの発信と受信、そして要約の作業に焦点を当てている。リスニングの授業である授業計画2においては、教師は同じように授業を6つの活動に分けて、背景知識の収集、キーワードの聞き取り、特定の情報の聞き取り、フィードバックの発信と受信、さらに、

聞き取り上の困難さの診断に焦点を当てている。言語指導において教師が活用する活動には様々なものがあるにもかかわらず、教師がどんなアプローチや指導法をとっても繰り返し活用されるようなタイプの活動が若干ある。そのような活動は、次のようなカテゴリーに従って分類できる。

　提示活動　これらは、そこで初めて新しい学習教材が提示されるタスクである。提示活動は、新しい学習項目を紹介し、明確にする機能をもっている。新しい学習項目は、語彙項目、文法項目、機能、談話的な特徴、または、学習方略であったりする。例えば、教師は、文法の授業の最初の活動として、「if 節」のパタンを図や表を使って提示することが考えられる。全ての授業で提示活動が行われるわけではない。例えば、先に挙げたリスニングの授業計画では、方略についての直接的な提示はされていない。同じ授業の別な授業計画には、教師がリスニングの方略について話し、新しいニュース放送を聞くときにどの方略を用いるべきか語ることが含まれている可能性もある。

　練習活動　これらは、既に前もって提示された項目を実践したり学習したりすることを伴うタスクと定義できる。言語指導における練習活動は、生徒の言語使用に対する一定程度のコントロールやモデルの活用などを含んでいる。例えば、会話の授業で文型や文法や機能を練習するために対話が使われることがあるし、発音の練習をしたり、文をスムーズに言えるようにするためにドリルが活用されることもある。リーディングの授業計画では、授業のほとんどが、リーディング技能を練習するための活動に振り向けられる。

　記憶活動　この活動は情報や学習題材を覚えることを意味している。記憶活動は、新しい学習項目を定着させるための方略として、また、その後の活動の準備として使われることがある。例えば、生徒は後でスピーキングの活動で使うような語彙のリストを覚えるように言われることがある。言語指導の伝統的なアプローチ(例えば、文法訳読式やオーディオリンガル教授法など)では記憶活動を広く活用していたが、現代のアプローチは言語のより創造的な使用を勧めるような活動を良しとし、記憶を勧めない傾向がある。

内容理解活動　これらは、生徒が文字や音声のテキストに対する理解力をのばしたり、その理解の程度を示すことを求めるようなタスクである。内容理解活動は、例えば、文字通りの理解(テキストに明確に述べられた意味を理解すること)から、推論的な理解(テキストの情報に基づいて結論を導いたり、予測をすること)、さらに評価(個人的な価値観やその他の価値観に基づいてテキストの内容について判断を下すこと)まで、様々なレベルの異なった理解を対象にしている。例えば、生徒はある文章を読んでテーマについての筆者の態度を推測するかもしれないし、講演を聴いてその要約を書くことがあるかもしれない。先に述べたリーディングやリスニングの授業におけるいくつかの活動は、内容理解の技能に焦点を当てたものである。

応用活動　これらは、以前提示されたり練習した知識や技能を学習者が創造的に活用することを求めるタスクである。応用活動は、生徒がいろいろなところから身に付けた知識や技能を統合し、学習した項目を新しいコンテクストや状況に当てはめたり、学習項目を自分自身の考えや、必要性や、感情、経験と関係付けることによって自分のものにすることを求めるようなものである。例えば、ある文型や機能が使われているような対話文を練習した後で、生徒は、今度は、意味の転移や意味の交渉のある状況において、その文型や機能を創造的に使うことが求められるロール・プレイを行うことが考えられる。ライティングの授業における応用活動は、一連の活動の最後の段階を表すこともある。つまり、まず生徒はある修辞的な表現形式が使われているエッセイを読み(提示)、パラグラフの中で様々な修辞的かつ談話的な技法を練習するための一連の練習問題をやり(練習)、そして自分の考えや情報を用い既に練習した修辞的・談話的技法を取り入れて作文の課題を完成させるというものが考えられる。

方略活動　これらのタスクは、学習方略や学習へのアプローチ法を育成するものである。例えば、リーディング用のテキストで新しい語彙に出くわしたときに学習者が発揮する組織的な推測力を改善するためには、テキストにおける新しい単語の意味を推測するための言語的な手がかりとして接尾辞、接頭辞、語順などに注目することを訓練させるような練習問題が学習者に与えられる必要がある。リスニングにおいては、意味を理解する

のを助けるために、学習者に場面における手がかりを活用するように訓練することもあろう。これは、例えば、場面やインタラクションを行っている人々の役割、人々の意図や目的に応じて予測を立てることを含んでいる。リーディングの授業において（授業計画1）、新聞記事の見出しに書かれていることに基づいて予測をするという最初の活動は、自分のリーディングを導くための予測方略というものを育成するために考えられたものである。

情緒上の活動　これらのタスクは、特定の言語学習上の目標をもっているものではなく、教室における動機的な雰囲気を改善することをねらったものであり、生徒の興味、自信、そして学習への積極的な態度を育てようとするものである。例えば、外国語のクラスで、生徒は日誌をつけ、そこに授業で経験したことに関連して自分の気持ちや恐れ、満足度などを書くのである。生徒たちはこれらの感情をクラスメイトや教師と共有し、何か気がかりなことが生じたらそれを解決するようになるのである。

フィードバック活動　これらのタスクは、学習や活動における言語使用のある側面についてフィードバックを提供するためのものである。例えば、ライティングの授業で、課題の最初の草稿を完成させた後、生徒はペアを組んでお互いの課題を読み合わせ、改善のための示唆を与えることが考えられる。このフィードバックは、内容や文章構成、表現をより明晰にすることなどをめざし、作文を書き直す際その生徒に役に立つような情報を与える役割を果たしている。上のリスニング授業では（授業計画2）、教師は授業の最後でテープを再度再生したとき、フィードバック活動を活用し、テープで出現した単語や表現などで生徒が感じた問題点について話し合ったのである。

評価活動　これらは、活動や授業の目標がどの程度うまく達成されたかを教師や生徒が評価できるようにするタスクである。これらの活動は、もっと指導を行う必要がある領域を診断したり、生徒の言語使用を評価するために活用できる。様々な種類のテストは評価活動の一般的な例である。しかし、ほとんどの教室活動は、提示や練習、応用活動としてではなく、どの程度生徒が学習したかを判断するために使われるなら、評価のた

第8章　言語学習活動の本質

めに活用できる。

　以上のような分類は、活動のタイプと、言語指導においてそれらの活動が活用される目的との関係に焦点を当てるために作成されたものである。活動の中には、いくつかの異なる目的のために活用することができるものがあり、活動のタイプも相互に重なることがあるので、このような分類は決定的なものと考えることはできない。しかし、このようなリストは、教師が指導の際に実際に行っていることは何か、彼らが普通やっている教室活動はどんな理由で選択されているのか、などを明確にしようとするとき役に立つことがある。

　理想的には、教師が選択する活動は、教師が意図した目標に適合しているものである。しかし、場合によっては、次の二人の教育実習生の授業に対する指導者のコメントから引用された例に示されているように、活動と目標の間にミスマッチがあることもある。

　　あなたのリーディングのクラスですが、あなたのあらかじめ示された目標は、リーディングにおける流暢さを育成し、要点をつかむために読んだり、読む際に文章が書かれた目的を念頭に置くなど、よいリーディング習慣を育てることだった。これは、リーディングについてのトップダウン法、つまり、読み手が、一語一語対応させるような読みの方略を使うのではなく、読む際に背景知識や予測、コンテクストを活用することが奨励されるようなアプローチをとることである。しかし、あなたは音読を日常的な教室活動として使っている。ここには、指導の目標と、その目標を支えるために行われる活動との間に、矛盾がある。というのは、音読では、生徒はテクストの意味よりテクストの形式に注目し、テクスト上の一語一語に同等の重要性を与えてしまうようになるからである。

　　あなたのライティングのクラスの目標は、ライティングにおける流暢さを育成し、書く作業を行うとき草稿を書いたり、書き直しをする能力を育てることであると報告している。しかし、教室活動で、あなたは、コピーをさせたり、モデルの文章や作文をほんの少し書き直させたり、文単位の練習しか行っていないので、草稿書きや書き直しのための機会をほとんど生徒に与えていない。

〈ディスカッション〉
1. 次のような活動は語学教室では普通に活用されています。これらの活動は、この節の分類法に従うとどんな種類の活動ということになるでしょうか。
   a. **ディクテーション** 教師が文章を一文ずつ読み上げ、生徒に時間を与え書き留めさせる。
   b. **クローズ (cloze) 文章** 6語ごとや7語ごとの単語が省かれている文章を生徒に与え、生徒はその単語を埋めて文章を完成する。
   c. **対話文の読み合わせ** 生徒に対話文が書かれたプリントを与え、生徒はそれを覚えクラスの前で演じる。
   d. **辞書指導** 生徒に学習者用の辞書の使い方を教える。
   e. **ブレイン・ストーミング** 生徒は、書き始める前に、トピックに関連したことをできるだけたくさん考える。
   f. **文法の規則** 生徒は、過去形と過去進行形の違いを説明した配布プリントを読む。
   g. **ディベート** 生徒はクラス・ディベートに参加する。
   h. **歌** 生徒は目標言語の文化にある歌を覚える。
   i. **問題の共有** 生徒は、ネイティブ・スピーカーと言葉を交わそうとしたときに経験した困難な体験をロール・プレイの形で演じる。
   j. **音読** 生徒はクラスの前で文章を読み上げる。
2. もしあなたが授業を担当しているのなら、あなたと同じような授業を担当している教師とあなたの指導法について話し合いなさい。あなたは自分の指導でどんな種類の活動をいちばんよく活用するでしょうか。その活動は、この節のリストのどれに分類できるでしょうか。そのリストでは簡単に分類できないような活動を行っているでしょうか。そのような活動はどんなものでしょうか。そのような活動をどのような目的のために使っているのでしょうか。もしあなたが授業を観察しているのなら、その教師はどのような活動をいちばん頻繁に活用しているでしょうか。

第 8 章　言語学習活動の本質　　　　　　　　　　187

言語学習活動の局面

　指導や学習の目標を達成するために、教室活動を選択したり設計したりする際、いくつかの問題を解決する必要がある。これらの問題は、活動における次のような局面にかかわっている。それは、目標、手順、順序立て、複雑さ、リソース、グループ編成、方略、言語、時間調整、成果、評価である。

　活動の目標は生徒にどのように伝えられるか　活動の目標を生徒に伝えることに関しては、いくつかの意見がある。例えば、教師が生徒に活動の目標について何も説明せずに活動を始めることもある。また、逆に、どうしてある活動を行うのか生徒に説明しようとする場合もある。生徒に大変馴染みのある活動の場合には、教師はその目的が何かを説明せずに生徒に課すことが多い。ディクテーションやグループ・ディスカッション、口頭練習などはそのような活動の例である。他の場合、教師は活動の目的を伝えたり、活動を紹介したりするための方略を採用することもある。そのような方略には次のようなものがある。

- 生徒がこの活動を楽しむだろうと言う。
- 生徒がこの活動から色々得ることがあると言う。
- 生徒がこの活動から学ぶものは何であるかを言う。
- この活動をするとテスト準備にどう役立つかを言う。
- この活動が以前の学習や今後の学習とどう結びついているか言う。
- 生徒にこの活動をやるように言い、完成したときに、その活動の目的は何だったか生徒に尋ねる。

　活動を完成させようとするとき生徒はどのような手順を用いるか　たいていの教室活動にはいくつかの選択の余地が残されている。例えば、短い作文を書くように言われたとき、生徒は情報を集め、メモをとり、そして第 1 草稿を作成すべきだろうか、始めから第 1 草稿を書くことにそのまま入ってしまうべきだろうか。雑誌の記事を読む場合には、その記事をざっとスキミングして、まずその記事の下検分をすべきだろうか、初めからその記事をつぶさに読むべきだろうか。ある活動を実行する際、自分たちが

活用する手順について生徒がどれだけはっきり分かっているかということ
は、その活動の様々な面を生徒がどのぐらい早く理解するかや生徒がその
活動をやり遂げるときの効率の良さに影響を与える。活動をやり遂げるた
めの手順を生徒に伝える方略には、次のようなものが含まれる。

・生徒が使うべき手順を描写する。
・クラスの前で手順を例示する。
・ある生徒を指名し、その手順を示すように言う。
・生徒にまかせて自分で手順を見いだすようにし、その後生徒が使った
　手順の効果を議論させる。

**同じ授業において、一つの活動を他の活動との関係でどのように順序付
けるか**　第6章で見てきたように、順序立ては、ある教授法の底流となる
特定の仮説(例えば、コミュニカティブ言語教授法に基礎を置いた授業で
は普通コミュニケーション活動の前にコミュニケーション前活動を行うと
いうような)や、一人一人の教師が経験的に作り出してきた授業の構成を
反映している。活動の順序立てにかかわる問題は第6章で議論したので、
ここで再度述べることはしない。

活動は学習者に対し、どのようなことを求めるか　ティクノフ(Tikun-
off 1985b)はタスクの複雑さについて4つの面を見いだしている。それら
は、リスク、曖昧さ、認識力、手順である。

　リスク　リスクの低いタスクは生徒が比較的馴染んでいるものであり、
　生徒は自分たちに何が期待されているか分かっている。
　曖昧さ　曖昧なタスクとは、単一の分かりやすい解釈のないものか、多
　数の解釈が可能なものである。
　認識力　タスクの知的な要求は、どの程度そのタスクが低い、または高
　度な認知レベルを必要とするかにかかっている。ティクノフ(1985b)
　は、記憶に依存するタスクは比較的低い認知レベルにあり、問題解決
　タスクは比較的中程度の認知レベルにあり、生徒が革新的であり、創
　造的であり、創意に富んでいることが期待されるようなタスクは高度
　な認知レベルにあると言っている。
　手順　タスクの難しさは、それがどのように行われるかにもよる。手順

的な面の要求が低いタスクとは、単純な連続作業を伴うものである。手順面の要求が高いタスクは、生徒に複数の作業を並行して行うことを求めるようなものであり、例えば、クラスの前でメモを使わずに与えられたトピックについて口頭でのプレゼンテーションをするようなものを指す。

どのようなリソースが求められるか　活動は、それを支えるために必要となるリソースの種類によって異なる。例えば、作文のクラスにおける活動においては、生徒が必要とするリソースは、トピックに関する情報を集めるために読むひとまとまりの記事であるかもしれないし、色々な修辞的モデルを例示するためのそのトピックに関する作文例であったり、書き直しをする際に留意すべき文やパラグラフ、テクスト構成の特定の特徴に生徒の注意を向けるために用意された書き直しチェックリストであったり、書き直し活動の準備として生徒が自分たちの第1草稿について自問自答して確認するための書き直し用の質問集であったりする。リソースには、教科書や教師作成の教材も含まれる。両方の種類のリソースが、同じクラスにおける異なる学習方法や生徒の興味、熟達レベルに適合するように選択されることがある。

どのようなグループ編成がなされるか　学習活動を計画する際に重要となる問題は、生徒がその活動を一人でやるのか、ペアか、グループか、それとも全クラス活動としてなのかを決めることである（第7章を参照）。グループ編成は、選択された活動のタイプに応じて最大限効果的になるように行わなければならない。どのようなグループ編成を選択するかの決定は次のようないくつかの要素に基づいて行うことができる。

- **指導法上の要素**　スピーキングの活動にはペアやグループの活動が必須だと考えられることもあるが、リスニングの活動には必ずしもそうではない。
- **能力レベル**　グループを編成する際には、異なる能力レベルの生徒を混ぜてグループを編成するか、それとも同じ程度の能力をもった生徒でグループを編成するか意思決定する必要がある。
- **教師の個性とそれぞれの指導スタイル**　例えば、教師の中には授業をコ

ントロールしたいと考える人たちがいる。そこで、全クラス学習という編成を活用することになる。

教師の指導哲学　ある教師は、生徒は他の生徒と一緒だといちばん良く学習できると考えたり、教師の仕事は支援者であると感じているかもしれない。

学校文化　教育機関の中には、ある特定の学習環境を好むようなところもある。例えば、協力的な学習を好む機関は、グループ・ワークを活用することを教師に奨励する傾向がある。

文化的要素　文化によっては、生徒は教師が授業の責任をもつことを期待し、他の生徒と一緒に作業をしても何も学習できないと考えることがある。

活動を行うとき特定の学習方略を活用すべきだろうか　どのような学習活動であっても、どの方略がいちばん効果的であるかを教師が決めなくてはならないことが多い。例えば、リーディングにおける意味内容理解の活動で生徒がテクストを読んで、それについての質問に答えるようなものでは、いくつかの方略が可能である。生徒は、(a) まず文章の後にある内容理解のための質問を読んでから、その答えを探しながらざっと読む、(b) まず内容理解のための質問を読んでから、文章を注意深く読んで答えを探す、(c) まず本文を注意深く読んでから、質問を読み、最後に答えを探しながらざっと読む、(d) まず全体の文章をざっと読み、内容理解の質問を読み、次に答えを探しながら、本文を注意深く読む、などがある。教師は、これらのうちどの方略を生徒に使うように勧めるのか意思決定しなければならない。

活動には、どのような言語的、言語学習的な焦点が置かれているのか　学習活動にはそれぞれ違った目標がある。例えば、活動によっては、ある特定の技能を育成するとか、文法のある項目、発音の特徴、語彙を練習するなど、言語の特定の分野に焦点を置くことがある。また、別な活動は、言語の多様な局面を統合的に活用するのを奨励することもある。さらに、正確さに焦点を置くもの、適切な言語使用や流暢さに焦点を置くものがある。学習活動のデザインや、学習活動が授業で導入され提示される方法は、学習者の注意を活動の言語的な局面や活動を行うときに活用すること

が必要となる言語リソースに向ける際に重要になる。例えば、招待したり、それを受けたり断ったりする練習を行うようなロール・プレイを導入する前に、教師は特別な招待法に焦点を置くのかどうか、そのためには、生徒が必要になる言語表現をあらかじめ教えておくのかどうか、または、そのロール・プレイを遂行する際に生徒は自分が既にもっている言語リソースを使うのかどうか、などについて意思決定をしなければならない（この問題に関しては第9章を参照のこと）。

生徒は活動にどのくらいの時間をかけるべきか　教室活動に生徒が使う時間の量は、生徒の学習に影響するもっとも重要な要素の一つであることが明らかにされている (Brophy and Good 1986; Fisher et al. 1978)。この点に関しては次の三つの面があることが分かっている。

- 教師によって許可された時間の量：これは「割り当てられた時間」(allocated time) と言われている。
- 与えられた時間の中で生徒が活動に取り組んでいる時間：これは「対作業時間」(time-on-task) と言われる。
- 生徒が首尾良く取り組んでいる程度：つまり、対作業時間のうち、生徒が活動を高い正確さで完成させている時間帯のことである。これは、「実学習時間」(academic learning time) として知られている。

教師によって、授業中達成できる実学習時間の量は異なる。例えば、50分の授業時間で30〜35分しか実際に指導に使われない（割り当てられた時間）と、実学習時間と見なされるような時間帯ははるかに少ないこともある。教師にとって重要な課題は、授業でいかに実学習時間、つまり、生徒が学習活動に取り組んでうまくやっている時間（それが生徒の成績に影響するいちばん重要な変数であるが）を最大にしていくかということである (Levin with Long 1981)。

活動の成果は何か　活動によって、学習結果や成果へとつながる程度が異なる。いくつかの活動は、その活動自体を行うことが主要な学習目標になる。つまり、特定の学習結果ではなく、過程そのものに焦点が置かれているのである。この種の活動には、楽しみのための読書、自由会話などがある。しかし、他の活動では、読書レポートとか期末レポートなどの特定

の学習結果が求められることがある。したがって教師は、次のような問題点を考察する必要がある。

- この活動には学習成果があるだろうか。
- 全ての生徒は同じ成果を生み出すことが期待されているか。
- 生徒は、どんな種類の学習成果を生み出すかについて選択権をもっているか。

活動における生徒の活動状況はどのように評価されるか　全ての活動が生徒の実践を評価することにつながっているわけではない(例えば、提示活動や情緒上の活動)。しかし、教室活動を計画する際には、評価についての意思決定をしなくてはならない。それには次のような要素への配慮が必要になる。

評価の焦点　何が評価されるのか——例えば、生徒が生み出した成果なのか、活動への生徒の参加度なのか。

評価の受け手　誰が評価を受けるのか——例えば、個人の生徒なのか、生徒のグループなのか、それともクラス全体なのか。

評価の場面　評価の情報が与えられるのはどこか——例えば、誰もがそれを聞くことができるように公表するのか、それとも一人一人に個人的に与えられるのか。

評価の形式　活動はどのように評価されるのか——例えば、公式の評価手順が用いられるのか、それとも教師が略式に活動を評価するのか。

評価のその後　評価で得られた情報に関して何がなされるのか——例えば、もし生徒の言語使用が満足すべき正確さのレベルではないとき、教師は補習のための文法練習に時間をさくだろうか、それとも同じ指導ポイントでありながら違うトピックの活動を別にやらせるだろうか。

教師と生徒の両者にとって学習活動という概念は重要なものである。それは、ほとんどの語学の授業が何らかの種類の活動を達成するということを基本にして構成されているからである。学習活動をどのように効果的に選択し活用するかを学ぶためには、語学教室で活動を行うときに配慮すべき要素を知っていることだけでなく、異なる活動がそれぞれどんなこと

第 8 章　言語学習活動の本質

に有効であるかを知ることが求められるのである。

〈ディスカッション〉
1.　言語活動が成功かどうかを判断しようとするときのあなたの基準は何でしょうか。効果的な学習活動はどんな特徴を備えているべきだと考えますか。特定の授業や、あなたが実際に担当したり、観察している授業との関連で、以上のことを議論しなさい。
2.　言語学習活動の目的を生徒に説明することはどのぐらい重要だと考えますか。あなたの答えの理由をいくつか述べなさい。
3.　p.188 に描写されている活動を行うための手順を伝える方略を、パートナーと話し合いなさい。あなたがよく知っている学習活動を思い浮かべなさい。どのような方略をあなたは普段使うでしょうか。リストにある他の例を選び、その方略の利点と問題点を考えなさい。
4.　指導においてどのようなグループ編成をあなたはよく使うでしょうか、または使うつもりでしょうか。教師はグループ編成を定期的に変化させるべきだと考えますか。どのような要素がグループ編成の選択に影響を与えるでしょうか。
5.　この章で示された活動の 10 の局面を振り返りなさい。授業の計画を立てるとき、どれが通常配慮されるべきだと考えますか。活動の局面では他にどんなものが重要だと思いますか。

発展活動

▶学習活動の分析
1.　次の活動に対応する学習目標は何か特定しなさい。
　　a．生徒は対話文のコピーを与えられる。その対話を聞き、どの単語が強調されて発音されているか印を付ける。
　　b．生徒はある人物の描写を聞き、5 人の絵から正しい人物を選ぶ。
　　c．生徒はペアで活動し、似ているが少し違うところがある絵を見る。生徒 A は第 1 の絵をパートナーに描写し、パートナーの方は第 2 の

絵の中にある違いを見つけだす。
   d. 生徒は20個の文を順不同で与えられる。グループで作業をして、ある物語になるようにこれらの文を並べる最善の方法を見つける。
   e. クラスの一人一人の生徒に、ある物語の一部となる一文が与えられる。一人の生徒が自分の文を読み上げる。他の生徒たちは自分たちの文が読み上げられた文の前にくるか後にくるか考える。このようにして、少しずつ物語を再生していく。
   f. 生徒は30個の動詞を与えられ、自分たちが選んだカテゴリーに分類する。
2. 次のような目標を達成するための言語学習活動を提言しなさい。
   a. 生徒に文フォーカス (sentence focus) の原則を指導する。つまり、文における情報の焦点の置かれ方によって文中の違った単語がより強調を受けるという原則を指導する。
   b. 生徒にトピックセンテンスを含むパラグラフをどのように書くかを指導する。
   c. 講義を聴くときの効果的なノートのとり方の方略を生徒に指導する。
   d. 生徒が /sh/ や /s/ で始まる単語の違いを聞き分けられるようにする。
   e. 今進行中の出来事を描写するために現在進行形の使い方を練習する。
   f. 就職面接の技術を練習する。

▶日誌活動

今週のあなたの日誌に、指導において活用した、または活用されているのを観察した活動のいくつかを描写しなさい。なぜこのような活動が使われたのでしょうか。それらの活動はコースの目標とどんな関連があるのでしょうか。活動と意図された目標との間の一致がどの程度達成されたと思いますか。

▶記録活動

あなたの(または、観察している授業の教師の)机の上にカセットレコーダーを置き、授業を記録しなさい。録音を再生して、授業のどの程度が割

り当てられた時間(つまり、学習に実際に使われた時間で、出席をとったり通知したりなど手順的なことがらに使われた非指導的な時間以外の時間)だったか計算しなさい。

▶授業観察

　語学授業で、ある一人の生徒や、一緒に活動しているペアやグループの生徒に焦点を置いて観察しなさい。だいたいどの程度の時間が実際の活動に使われていただろうか。つまり、生徒が活動を行うことに実際に取り組んでいた時間はどのぐらいだろうか。

▶授業報告
1. あなたが指導している授業について、まず、授業で活動を行う目標をできるだけ詳しく明らかにしなさい。クラスを指導するとき、活動の目標についてなるべく語らないようにしなさい。授業の最後に生徒が行ったそれぞれの活動をリストしたプリントを配りなさい。生徒にそれぞれの活動の目標を特定するように言いなさい。生徒が描写した目標は、あなたのものとどの程度似ていたでしょうか。
2. アペンディクスの授業報告用紙を使って、2週間にわたって用いられた活動タイプをモニターしなさい。あなたの活用する活動タイプにはどのぐらいの多様性があるでしょうか。どのような目標のためにこれらの活動を使ったのでしょうか。自分が集めた情報と他の教師の自己報告情報とを比較しなさい。

アクション・リサーチ　ケーススタディ 6

[学習活動における生徒の活動状況]
　このプロジェクトは ESL 環境のもとで語学学校の教師によって実施されたものである。

初期省察
　私はアメリカの大学に行く準備をしている生徒のグループを指導している。私の感じでは、彼らがいちばんよく学習できるのは、ことばを自由に発したり、学習者同士のインタラクションが奨励されるようなグループ活

動で英語を練習する機会があるときである。私は、そのような練習を提供するために、授業でよく問題解決的なディスカッションを行うことがある。しかし、生徒がそのようなコミュニカティブな活動を行う際、彼らの発話が教師によってモニターされない場合どんなことが起こるのか知りたいと思う。特に、問題解決的なディスカッションに取り組んでいるときの流暢さ、正確さ、言語使用の適切さを調査してみたい。このプロジェクトを進めるに当たって次のような問題点を用意した。

1. ディスカッション活動の際の生徒の発言はどの程度正確であるか。
2. ディスカッション活動の間の生徒の発言はどの程度流暢であるか。
3. ディスカッション活動の間の生徒の発言はどの程度適切なものであるか。

計画

　私は、生徒が問題解決活動を行っている間生徒の議論を録音し、彼らが使った言語を分析することにした。使うことに決めた活動は「飛行機事故」と呼ばれるもので、飛行機がすぐに墜落することになっていて、20名の乗客に対して 10 個のパラシュートしかないという状況である。生徒は 5 名のグループになって話し合いをし、飛行機に乗っている人間のうち、どの 10 人が生き残るべきか意見をまとめなくてはならない。

アクション

　クラスに 4 台のテープレコーダーを持ち込み、各グループに 1 台ずつ分け与えた。それぞれのグループの間に十分な空間が取れるようにし、生徒たちがマイクロフォンに向かって話すようにした。生徒にプリントを配り活動を説明した。生徒はやるべきことを理解し、すぐに議論を始めた。活動は約 20 分間続いた。その後、私はテープを自宅に持ち帰って聞いた。語彙の間違いや文法上の間違いを数えて生徒の発話の正確さを調べた。生徒の流暢さを判断するために、それぞれの生徒の語りの総量と口ごもりの回数を計算した。生徒の言語の適切さを判定するために、生徒が賛成や反対を表明する方法に着目した。生徒一人一人の図表を作成し、テープを聞きながら完成させ、そのデータをコード化した。

観察

　問題解決活動を行いながら生徒が使った言語の全体的な質には感動し

た。生徒間には高いレベルのインタラクションがあり、一人一人の生徒がディスカッションに参加していた。データから、考えていたより生徒がもっと流暢であったことが分かった。生徒は長く口ごもったり、ポーズを置いたり、中断することなく会話を進行させることができた。生徒たちはまた、発話において比較的正確であり、間違いが実際に起きた場合でも、自分で訂正できることが多かった。誤解につながるような間違いはほとんどなく、間違いのほとんどは冠詞や前置詞の使い方だった。しかし、賛成したり、反対したりする際の言語の適切さに関してはあまり喜ばしくなかった。生徒たちはお互いにあまりにも直接的であり、反対を表明するにはもっと直接的でない表現の方が丁寧であったが、「いや、君は間違っている」などと言っていた。

省察

このプロジェクトは、ある特定の活動において私の生徒がどのように実際に言語を使用するかを測る上で役に立った。結果は、練習活動としての問題解決ディスカッションが有用であることについて私の信じるところを再確認することができた。私は、生徒の英語使用能力に勇気づけられたが、しかし、もっと直接的でない言語を使って丁寧に表現する方略を生徒に教える必要があると気付いた。

アペンディクス： 活動タイプを調査するための授業報告用紙

クラス _____　　日付 _____
授業の目標と内容 _____

授業で行われた活動	活動のタイプ	活動に使われた時間	活動の目的
例： ワークブックの単語練習	練習活動	10分	生徒の新語彙の使用を強化する

第9章　教室での言語使用

　語学教室の際だった特徴の一つは、言語が授業の目標であり、同時に、その目標を達成するための手段であるということである。教師にはいくつかの競合する配慮事項がある。例えば、教師は、学習者の目標言語習得や使用を援助することを目指した活動を計画する。しかし、同時に、教師は、指導を行ったり指示を出したり、目標言語のパタンのモデルを示したり、生徒の言語使用に対するフィードバックを与えたりするための主要な手段として目標言語を使うのである。生徒も同様に、教師や他の生徒と教室におけるインタラクションを行うことと、教室作業で要求されることを行うという両方のために、言語を学習するのである。この章では、これらの過程の言語的な局面と、第2言語や外国語の教室で行われる言語使用に対するそれら言語的な局面の影響に焦点を当てることにする。特に、(1)教師はどのように自分の言語を修正するか、(2)教師は質問をどのように行うか、(3)教師はどのようにフィードバックを与えるか、(4)生徒が活動を行うときに用いる言語を含めた教室でのインタラクションの言語、を検討することにする。

教師は自分の言語をどのように修正するか

　指導において授業時間の主要な部分は、教師がクラスの前で話すことによって占められる（第7章参照）。教師がどのような方略や指導法を使おうと、指示を出したり、活動を説明したり、活動で生徒が使う手順を明らかにしたり、生徒の理解をチェックすることは必要である。

　教師の全体的なコミュニケーション努力の大きな部分は、特に学習者が比較的初心者であれば、何とかうまくコミュニカティブな過程に沿っていくことに費やされる。教師は生徒の注意を引きつけ、絶えずチェックを行って彼らの理解をモニターし、明確にしたり、説明したり、定義

したり、そして適切なときに、まとめたりしなければならないのである。　　　　　　　　　　　　　　　　　　　(Ellis 1984: 120)

以上のことは、次の教師の例に見ることができる。この教師は、生徒に教科書の練習問題を説明し、生徒の進歩をモニターしている。

T: Have you finished yet?　Have you completed the questions at the bottom of the page?
S1: Not yet.
T: [他の生徒に] Where are you up to, Juan?　Are you finished yet?
S2: No, not yet.
T: Try to finish up to here. [教科書を指す]
T: Write your answers on a separate piece of paper, Akito, don't do it in your book.
T: You work together with Akito now and check your answers.　Do you understand?
S3: OK.　Check answers.
T: Yes.　Check your answers.　You and Akiko check your answers together.

この例において教師の要求や教えが繰り返し行われるところが、実際の指導の特徴である。繰り返しとは、指示や教えを学習者に理解できるものにするため教師が活用する多くの方略の一つである。他の方略 (Chaudron 1988) には次のようなものが含まれる。

ゆっくり話す　教師が教室で言語学習者に話すとき、他の場面より遅い話し方をする。
ポーズを使う　教師は、言語学習者を指導している場合、特に低いレベルの生徒の場合には、ポーズを多く、そして長くする傾向がある。このようなポーズは、学習者に教師の言ったことを処理する時間をより多く与え、これにより理解が助けられる。
発音を変える　教師はより明瞭な発音の仕方をしたり、より一般的な話し方、つまり、指導という状況以外の場合より省略や短縮が少ない話し方をするようである。例えば、"Couldja read that line, Juan?" と言わず、教師はもっと注意深く一語一語丁寧に "Could you...? と

発音することがある。

語彙を変える 教師は難しい単語をもっと一般的に使われるような単語に変えることが多い。例えば、教師は "What do you think this picture depicts?" と言わず、"What do you think this picture shows?" と尋ねるかもしれない。しかし、教師は、うっかりして簡単な言葉に代えるつもりが語彙を難しくしてしまうこともある。例えば、"depicts" という言葉の代わりに慣用的な(しかし必ずしも易しくはない)表現を使って、"What do you think this picture is *about*?" と言ってしまうかもしれない。

文法を変える 語学教師は教室で文の文法的な構造を簡単にしてしまうことがある。例えば、教室においては他の場合より、従属節をあまり使わなかったり、複雑な時制を使うのを避けるかもしれない。

談話を変える 前の対話で見たように、教師は自分の言っていることを理解してもらうため、反復したり、自分の質問に自分で答えたりすることがある。

教師の発話における以上のような変更は、ティーチャー・トーク (teacher talk) と呼ばれる特殊な談話タイプにつながっていく可能性がある。教師がティーチャー・トークを使うときは、自分をできるだけ理解しやすくしようとしているのであり、効果的なティーチャー・トークは言語理解や学習者の発話を助けるための必須の援助を提供することもある。クラッシェン (Krashen 1985) は、この方法こそ、教師が学習者に理解可能なインプット (comprehensible input つまり、学習者の理解のレベルに合わせてうまく調整されたインプット) を提供する方法であるとし、これが「第2言語の習得には必須の材料である」としている (p. 4)。しかし、教師はときどき、教師の外の世界では自然とは受け取られないような種類のティーチャー・トークを作り出してしまうこともある。次は、低いレベルの ESL 学習者を指導する際、そのようなタイプのティーチャー・トークをしてしまった教師の例である。

In your house, you...a tub...you (ジェスチャー) wash. (教師は "wash" という動詞の意味を説明している。)

I want to speak another person. He not here. What good thing for say now? (教師はどう電話のメッセージを受け取ったらよいか説明している。)

Not other students listen. I no want. Necessary you speak. Maybe I say what is your name. The writing not important. (教師は、面接の過程を説明している。)

The book...we have...(本をかかげる)...book is necessary for class. Right...necessary for school. You have book. (教師は生徒に自分たちの本を授業にもってくるのを忘れないようにさせようとしている。)

これらの例は極端なものであるが、生徒に理解可能なインプットを提供しようとする努力の中で、教師が自然な発話を反映しない話し方を作り出すことがあることを示している。

〈ディスカッション〉
1. pp. 200-1 のティーチャー・トークを変えるための方略のリストを振り返りなさい。これらの方略のうち、あなた(またはあなたの観察している教師)は、指導するとき、どれをいちばん多く活用していますか。これらの方略のうちどれが学習者にとって役に立ちますか。
2. あなたは、教師が指導しているとき、どの程度言葉を変えるべきだと思いますか。そのような変更の利点と問題点は何ですか。
3. どうしたら教師はティーチャー・トークの過度な使用や、特にその不自然なタイプを使用するのを避けることができるでしょうか。

教師の質問

調査によると、質問は教師によって用いられる最も普通の技術の一つである。ある教室では、授業時間の半分以上が質問とその答えのやりとりに使われている (Gall 1984)。質問がなぜ指導の中で広く使われているかに

ついての理由はいくつかある。

- 質問は、生徒の興味をかき立て、維持する。
- 質問は、授業の内容について考え、それに焦点を置くことを奨励する。
- 質問で、教師は生徒が発言したことをより明確にすることができる。
- 質問で、教師が特定の構造や語彙項目を引き出すことができるようになる。
- 質問で、教師が生徒の理解度をチェックすることができる。
- 質問は、授業における生徒の参加を奨励する。

　第2言語研究者たちは、教師の質問が教室における第2言語学習に対してどのような貢献をしているか調査を行っている。彼らは、質問が言語習得に決定的な役割を果たしていると言い出した。「質問は、生徒を言葉の流れに参加させたり、使われる言語がより理解しやすくなり、個人的に関連をもったものになるよう、言葉の流れを変えたりすることさえある」(Banbrook and Skehan 1989: 142)

教師の質問のタイプ
　質問を分類するには多くの方法があり (Mehan 1979; Sinclair and Brazil 1982; White and Lightbown 1984)、研究者が観察しているように、はっきり分けられた、目に見えるようなカテゴリーにたどりつくことは困難である (Banbrook and Skehan 1989)。教室における質問の役割を調べる目的のために、ここでは3つの種類の質問が取り出されている。それらは、手順的、収斂的、そして拡散的質問である。

　手順的質問　手順的質問とは、学習内容とは異なり、教室での進行やおきまりの手順、教室の運営などにかかわっている。例えば、課題が完成されたこと、課題への指示が明確だったこと、生徒が新しい課題に取り組む用意ができていることを教師がチェックしているとき、次のような質問が教室で発生したのである。

　みんな、宿題をもってきましたか。
　みんな、私がどんなことをやって欲しいか分かりましたか。

もっとどのくらいの時間が欲しいですか。
みんな、私が黒板に書いたものを読むことができますか。
みんな、クラスに辞書をもってきましたか。
どうしてあなたは課題をやっていないのですか。

　手順的な質問は、授業の内容を生徒にマスターさせるために考えられた質問とは違った機能をもっている。教師がする質問の多くは、生徒が授業の内容に取り組むようにしたり、彼らの理解を助けたり、教室でのインタラクションを促進するためのものである。これらの質問は二つのタイプに分類できる。つまり、どのような答えを引き出そうとするかにより、収斂的質問と、拡散的質問に分かれる (Kindswatter, Willen, and Ishler 1988)。

　収斂的質問　収斂的質問とは、同じような答えを生徒に奨励したり、中心的なテーマに焦点を置いた答えを奨励するものである。これらの反応は、"yes"とか"no"のような短い答えのことが多い。これらの質問は、反応をするために生徒が高次元の思考に取り組むことを求めるようなものではなく、以前に提示された情報を思い出すことに焦点を置くものである。語学の教師は、聴覚技能や語彙を伸ばそうとしたり、他の指導技術に移る前に全クラス参加を促進したりするために、一連の収斂的質問を急速に尋ねることがよくある（第7章を参照のこと）。例えば、次の質問は、日常生活におけるコンピュータの影響に焦点を当てたリーディングの授業を導入する際、教師が活用したものである。授業を始める前、教師は次のような収斂的質問をしてリーディングのトピックに生徒を導いていった。

家にパソコンがある人たちは何人いますか。
あなたはそれを毎日使いますか。
それを主に何のために使いますか。
家には他にどんな機器がありますか。
コンピュータ会社にはどんなものがありますか。
ソフトウエアとハードウエアの違いは何ですか。

　拡散的質問　拡散的質問とは、収斂的な質問の反対である。それらは生徒の多様な反応を奨励し、短い答えではなく、生徒に高度なレベルの思考

第9章 教室での言語使用　205

を求めるものである。生徒に、以前提示された情報を思い出すことより、自分自身の情報を提供することを奨励する。例えば、上のような収斂的質問をしたあと、教師はさらに続けて次のような拡散的質問を尋ねた。

コンピュータは社会に対してどのような経済的インパクトを与えましたか。
コンピュータがないと今日のビジネスはどう機能すると思いますか。
コンピュータは社会に対して何らかの否定的な影響を及ぼしたと思いますか。
教育においてコンピュータの活用を一層促進するための最善の方法は何ですか。

質問の技術
　指導技術としての質問の重要性の観点から、教師が質問を活用する技術は教員養成においてかなりの注目を受けてきた。今までに明らかになっている問題点は次のようなものである。

　教師が用いる質問タイプの範囲　教師は拡散的な質問より、収斂的な質問を多くする傾向があることが知られている。これらの収斂的な質問は、生徒の考えや教室でのコミュニケーションを生み出すより、情報を思い出すことに役立つようなものである。収斂的な質問は短い答えを求めるので、生徒が目標言語を生み出したり練習するためには限られた機会しか提供できない。ロングとサトウ (Long and Sato 1983) は、自然に近い教室における談話において、いくつかの「ディスプレイ質問」(display questions その答えを教師は知っていて、特定の構造を引き出したり、示すために考えられた質問) と「レファレンシャル質問」(referential questions 教師もその答えを知らない質問) とを比較した。彼らの発見によると、自然に近い談話においては、「レファレンシャル質問」の方が「ディスプレイ質問」より頻繁にあり、一方、ESL の教室における全クラス指導では「ディスプレイ質問」がはるかに多かったとのことである。

　生徒の参加　多くの教室では、質問に答える機会は与えられても、生徒が自分から質問をする機会はほとんどない。教師が生徒に質問をしたり質

問に答える機会を与えても、クラスの生徒のほんの一部にしか質問を向けないことがある。つまり、教師の行動区域に入っている生徒だけである (第7章参照)。ジャクソンとラハダーン (Jackson and Lahaderne 1967) は、生徒の中には他の生徒より25倍も多く授業で話すよう求められる可能性がある生徒がいることを見いだしている。生徒の能力レベルが様々な語学の教室では、ある生徒が他の生徒より質問に答えるのにより困難であるため、教師は、授業の勢いを持続するために、質問に答えさせるのに頼りがいのある生徒だけ指名するという方向に向かう可能性がある。これが、一層、クラスの中で特定の生徒だけにしか質問を向けないという傾向を強めるのである。

待ち時間 教師の質問技術で重要な面は、待ち時間である。これは、教師が質問をした後、ある生徒を指名して答えさせたり、質問を言い換えたり、同じ質問を他の生徒にふったり、答えを教えたりするまで待つ時間である (Rowe 1974, cited in Kindsvatter et al. 1988)。教師は非常に短い待ち時間を用いることがある(例えば、1秒とか)。そうすると、生徒はほとんど反応ができない。待ち時間が3〜5秒に増えると、生徒の参加量や参加の質が増すことが多い。

〈ディスカッション〉
1. 語学クラスにおいて、収斂的な質問をすることはどのような状況のもとで効果的な質問技法になるでしょうか。そのような質問はどんなときにあまり効果的でなくなりますか。教師は授業において、どのようにして収斂的質問と拡散的質問のバランスを確保できるでしょうか。
2. 教師が自分の質問技能をモニターするための方法にはどんなものがありますか。それぞれの方法の利点と問題点を議論しなさい。

フィードバック

言語使用について生徒にフィードバックを提供することは、指導のもう

一つの重要な面である。フィードバックは肯定的なものもあれば、否定的なものもあり、生徒にどのくらいうまく言語使用ができたかを伝えるだけでなく、動機を高めたり、支援的な教室環境を作る役割を果たす。語学教室において、生徒が発話した言語についてのフィードバックは、その生徒が作り出した内容に対する反応か、その発言の表現形式に対する反応のいずれかになる。

内容についてのフィードバック

　内容についてのフィードバックを与えることについては、多様な方略が利用可能である。例えば、

正しい答えを認める　教師は生徒の答えが正しいことを、例えば、"Good." とか "Yes, that's right." "Fine." などと言って認める。

正しくない答えを指摘する　教師は生徒の答えが正しくないことを、例えば、"No, that's not quite right." とか、"Mmm." と言って指摘する。

ほめる　教師は答えに対して、例えば生徒に "Yes, an excellent answer." と言ってほめる。

生徒の答えを拡大したり、修正したりする　教師は曖昧だったり不完全だったりする答えに対して、もっと情報を提供したり、答えを教師自身の言葉で言い直したりして反応する。例えば、

　T:　Does anyone know the capital of the United States?
　S:　Washington.
　T:　Yes, Washington, D.C.　That's located on the east coast.

繰り返す　教師は生徒の答えを繰り返す。

要約する　教師は生徒や生徒のグループが言ったことの要約をする。

批判する　教師は生徒が出した反応に対して批判する。例えば、

　T:　Raymond, can you point out the topic sentence in this paragraph?
　R:　The first sentence.
　T:　How can it be the first sentence?　Remember, I said the first sentence is not always the topic sentence in every paragraph. Look again!

表現形式についてのフィードバック

　語学教室では、フィードバックは生徒が言ったことの正確さに向けられることが多い。いくつかの問題点が誤りのフィードバックにかかわっている。それらには、(1) 学習者の誤りを訂正すべきかどうか、(2) 学習者の誤りのうちどんな種類のものを訂正すべきか、(3) 学習者の誤りをどのように訂正すべきか、ということについての意思決定がある (Hendrickson 1978)。

　学習者と教師は誤りの訂正に関して違った好みがある。ニューナン (Nunan 1988) はオーストラリアの大人の学習者が誤りの訂正を大変重要なものだと思っているのに、彼らの先生は、それをあまり高く評価していないことを報告している (Chaudron 1988)。

　教師がどのような誤りを訂正する傾向があるかについての研究によると、教師は内容的な誤りを訂正することが最も多く、次いで、語彙の誤り、文法や発音の誤りがある (Chaudron 1988)。

　学習者の誤りをどのように訂正すべきかは、言語指導においてずっと議論の的であった (Harmer 1991; Omaggio 1986)。表現形式についてのフィードバックは次のように、様々な方法で行うことができる。

- 生徒に、言ったことを繰り返させる。
- 誤りを指摘し、自分で直させる。
- 誤りについてコメントし、それがなぜ間違いなのかを説明するが、生徒に正しい形を繰り返させることはない。
- 他の生徒に誤りを訂正するように求める
- ジェスチャーを使って誤りがあったことを示す。

　次の例は、授業のインタラクションにおいて、教師がどのように多様な種類のフィードバックを与えているか示している。教師は生徒にいつ自分たちの勉強を始めたかを尋ねている。

　　T:　When did you start?　[ジェスチャーで生徒を指名する]
　　S4:　I start in Excess since the eleventh of January.
　　T:　When did you arrive?　You arrived on the eleventh of January, did you?　You must have started the next day, did you?
　　S2:　The eleventh of January

S5: No, I we start at thirteeth
T: On the thirteenth of January. When did you start at Essex? [ジェスチャーで生徒を指名する]
S1: I start at Essex on the thirteenth of January.
T: On the thirteenth of January.
S1: Yes
T: Again.
S1: I start at Essex on the thirteenth of January.
T: Eulyces [ポーズ]
  I started
S2: I stotted
T: started
S1: Start
S2: I...( ) [S1 のそばでスペイン語で] I start on on Essess eh fourteen of January
T: I
S2: Fourteenth January
T: I started at Essex on the thirteenth of January. All right Eulyces: on the thirteenth of January...
S2: On the th-
T: Thirteenth
S2: On the fourteenth of January
T: Of January
S2: Of January
T: On the thirteenth of January
S2: On fourteenth of January
T: All together...on the thirteenth
SSS: On the thirteenth of January
T: All right. I started at Essex [一斉に反応するようにジェスチャーで示す]
SSS: I started at Essex on the thirteenth of January.
T: Good. Good. Were you at university before?

(Allwright 1975: 108-9)

以上の引用箇所では、教師は生徒の発言の表現形式と内容の両方を訂正している。冒頭の部分では、教師は文法の誤りを無視して、月日についての事実関係の誤りを取り上げている。学習者が正しい月日を思い出してから、教師は正しい表現のモデルを提供した。次の発言で、学習者は動詞の過去形の間違いをする。教師はこの誤りを無視し、正しい月日を確認し、生徒にリピートさせた。動詞の過去形の誤りがまた起こり、教師は他の生徒を指名した。生徒がためらうと、教師は正しい動詞形で文の始めの部分をモデルとして示した。学習者は発音の誤りを犯す。それを教師は正しい形を与えて訂正する。しかし、その生徒は、他の生徒にスペイン語で相談し、教師から提供された正しい形を使わず、他の生徒の誤りを繰り返す。教師はその文を再度モデルとして示し、S2 の生徒の問題点に気づき、最後のフレーズを再度示した。引用の最後の部分で、教師は誤りの対処から一斉リピートによる全クラス活動に移った。

　オールライト (Allwright 1975) は、教師が学習者の誤りに対して不正確なフィードバックを与えることがよくあると観察している。学習者にどこが誤りなのかを示さず、教師は目標言語の正しい形を繰り返すだけになりがちである。教師はまた、誰のどの誤りを訂正しているのかに関して首尾一貫しない場合もある。例えば、ある学習者の誤りを訂正することがあっても他の学習者の誤りを訂正しないことがあったり、ときに時制の誤りを訂正して、他の場合にはそれを無視するということがある。オールライトは学習者の側の混乱を避けるために、誤りの訂正にはもっと首尾一貫したアプローチを勧めている。オールライトとベイリー (Allwright and Bailey 1991) は、単に教師が期待していなかった発話であるからという理由で、学習者の発話を拒否したり訂正することがあることに注目している。これを彼らは「教室の談話における誤り」と呼び、このような教室の談話における誤りは逆効果を生むとして、次のように述べている

　　誤りを扱う際、教師は生徒がそれぞれの中間言語上さらに進歩することを援助しようとする。しかし、時宜を得ない誤りの訂正は援助にならず、学習者の中間言語発達上の段階を超えた構造を目指してしまうと害を及ぼすことになる。(1991: 92)

　誤りについてのフィードバックは、練習活動を行う際の生徒の誤り率を減らすことで、その必要性が少なくなる。ローゼンシャインとスティーヴ

ンス (Rosenshine and Stevens 1986: 383) は、このようなことがどのようにしたら実現できるか、次のように述べている。

- 指導を細かな段階に分けて行う。それぞれの生徒がマスターするまで指導と練習を与えてから次の段階に進む。
- 可能な場合は常に、生徒に技能について明確な例示を行う。
- 例示には質問を混ぜ、生徒の注意を引きつけ、生徒の理解をチェックする。
- 誤りが生徒のレパートリーになってしまわないうちに誤りの訂正ができるよう、自習活動の前に教師がモニターする練習を生徒に与える。
- 特に混乱しそうな教材の場合には、混乱しそうなところについて生徒にアドバイスを与え、事前訂正を提供する。
- 練習問題の長さと数において十分な個別練習を与え、オーバーラーニングの段階に至るまで、技能をマスターできるようにする(スローラーナーには追加の練習を与える)。
- 必要な場合は、教材を再度教える。

〈ディスカッション〉
1. 学習者の誤りを訂正することは教師にとってどのぐらい役に立つでしょうか。学習者が同じ誤りを繰り返しする場合には教師はどうしたらよいでしょうか。
2. どんな誤りの訂正法が一番効果的でしたか。(または、一番効果的だと思われますか。)
3. あなたがよく知っている学習者グループを思い浮かべなさい。誤りの訂正について彼らがどのような信条や態度をもっていると思いますか。

教室における学習者の言語使用

多くの言語学習者にとって、教室は目標言語を使う機会を与える主要な場面であるので、生徒が授業中どんな種類の言語を使うかは彼らの言語上

達にとって重要な影響をもっている。生徒は、教師や他の生徒とインタラクションをしたり、その言語を使って学習活動や宿題をやるなど、授業において色々な目的のために目標言語を使っている。学習者言語を理解する一つのアプローチは、授業中に起こるコミュニケーション上の機能の観点からであり、もう一つのアプローチは、特定の学習活動を達成するために必要な言語を見ていくという観点である。

教室でのインタラクションにおけるコミュニケーション機能

　教室は特定の交渉を行う場面である。ローゼンシャインとスティーヴンス (Rosenshine and Stevens 1986) は、6つの基本的な指導機能を見いだしている。

1. 復習したり、以前の作業をチェックしたりする(必要ならばもう一度指導する)。
2. 新しい内容や技能を提示する。
3. 生徒の練習を導く(理解をチェックする)。
4. フィードバックを与える。
5. 生徒に個別の練習を提供する。
6. 生徒の学習を評価する。

　他の研究者たちは、教室におけるコミュニケーションで繰り返されるコミュニケーション上の機能や発話行為に焦点を当てている (Cazden, John, and Hymes 1972; Sinclair and Coulthard 1975)。キャスカート (Cathcart 1986) は北カリフォルニアのバイリンガル学校の幼児クラスで使われている言語を研究し、クラスの8人のスペイン語話者の子供たちについてのデータを集めた。彼女は、次のようなコミュニケーション上の機能分類を考え出し、クラスにおける彼らの言語を描写している。

コミュニケーション行動機能の分類

制御:
　自発的なもの
　　注意を求める　　　　　　　"Hey, lookit."
　　ものを求める　　　　　　　"Gimme that."
　　行動を要求する　　　　　　"Come here."

第9章　教室での言語使用

招く、差し出す	"Do you want some?"
忠告する、脅す	"If you do, I'll..."
許可を求める	"Can I go?"
抗議する、禁止する	"Don't touch it."
要求する、割り当てる	
所有	"This is mine."
役割	"You're the daddy."
不平を言う	"He hit me."
支持する	
繰り返す、承認する	"Go on. Go on."
加える、拡大する	"Yes, and you too."
明確にする	"That means dog."
強調する	"I did."
反応する	
従う	"OK."
拒否する	"No."
無視する	

情報:
発表する、話題設定する	
描写する	"Guess what?"
ものに名前を付ける	"That's a cowboy."
行為に名前を付ける	"He's singing."
所在	"It's over there."
性質	"Mine is green."
機能	"It's for writing."
理由	"Because I found it."
意図を明言する	"He's gonna do it."
明確にする	"I said, 'He's it.'"
表現する	
意見を表明する	"I like boys."
体の状態	"I feel sick."
自分の行動を描写する	"Now, I'm making tea."

意図を表明する	"I'm gonna fix it."
個人的な経験	"We went to Mexico."
侮辱、不満	"You're ugly."
自慢	"I'm bigger."
叫ぶ	"Oh, no."
要求する	
情報を要求する	
指示	"How do you do it?"
描写	"What does a bug look like?"
意図	"What are you gonna do?"
要求を明確化する	"What?"
応答する	
明確化のために発言する	"Yeh, a green one."
情報を与える	
ものに名前を付ける	
行為に名前を付ける	
所在	
性質	
機能	
理由	
否定する、違うことを言う	"I won't do it."
評価する	"That's a good book."
転嫁する、避ける、無視する	"I dunno."
まねする	
裏づける	"Yeh."
社会的なしきたり:	
時間の区切り	"Recess time."
丁寧表現	"Thanks"
あいさつ	"Hi"
ことば遊び:	
音響効果	"rrrrrr"
単語遊び、チャンツ	"woo woo goo goo daa"

"読み聞かせ"	"Once upon a time..."
	(Cathcart 1986: 137)

　授業で学習者が言語を使う際の機能の種類は、学習者の年齢や授業の内容、活動の種類、用いられる学習環境などによって変化する。

　キャスカートのデータは、研究者によって明らかにされてきた教室における学習者言語のもう一つ別の面を示している (例えば、Ellis 1984)。つまり、特定の機能を果たす場合に「定型表現」(formulaic speech) や「決まり文句」(routines) を使うという点である。定型表現は特定の状況で使われる決まった表現である。エリス (Ellis 1984: 66-9) は次のような教室でのインタラクションにおける定型表現の例を示している。

状況定型表現　特定の状況に結びついているもの。例えば、"Finished"（タスクを終えた後で言う）や "Very good"（ゲームや教室でのタスクで自分自身を祝福する）。

文体的定型表現　特定のスピーチスタイルに結びついたもの。例えば、"I wonder if I could have an eraser, please?"（学習者が先生や他の生徒からものを要求する場合）のようなフォーマルな要求がある。

儀式的な定型表現　儀式的なインタラクションと結びついたものである。例えば、"How are you?"（あいさつ）、"Excuse me, miss"（教師の注意を引きつける）、または、"Oh, no!"（驚き）などがある。

きっかけ作り　インタラクションや活動を組織するために用いられるものである。例えば、"This one or that one?"（教室でのタスクの本質を特定する）や "What's this?"（ものを特定する）、"I don't know"（知識のなさや応答ができないことを示す）、"That's all right"（行動の方向性を承認する）。

　第2言語習得の研究者たち（例えば、Krashen and Terrell 1983）は、言語学習の始めの段階では、多くの機能が上に述べたような種類の、決まった表現や決まり文句を使って表現されると主張している。これらは、学習者にとって有益なコミュニケーション方略として役立ち、複雑な言語手段を十分にもっていないとき、学習者が教室でのコミュニケーション要求の多くに何とか対応できるようにしている。インフォーマルな第2言語学習者は、実際の獲得された能力が十分準備ができていなくても、初期の段階

で決まり文句やパタンを幅広く活用して、ものごとを表現する手段としている (Krashen and Terrell 1983: 43)。言語発達が進むにつれて、学習者は定型表現をあまり使わなくなり、もっと幅広い文型や構造を使うようになる。

学習活動のために使われる言語

第8章で検討したように、教師は特定のタイプのインタラクションや言語練習を生じさせるために学習活動を選択することがある。問題解決やロール・プレイの活動などは、コミュニケーション的な言語使用を生じさせたり、交互に話すことや質問をすること、相手に内容を明確にすることを求めることなどの練習を行ったりするために活用される。何人かの研究者は、これらの活動を行うときに学習者が活用する言語の種類を調査することで、次のような質問に答えようとしている。

・言語的な不十分さにかかわらず、学習者は第2言語や外国語でどのように効果的にメッセージを理解したり伝えたりできるか。
・彼らが使用する言語はどのぐらい正確か。
・彼らが使用する言語はどのぐらい適切なものか。
・彼らの言語の不完全な分野は何か(文法、語彙、適切さ、スペリング、発音など)。
・不完全さに対応するために彼らはどんな方略を活用しているか。
・彼らは自分の言語使用をどの程度モニターし、自己修正しているか。自己修正はどの程度うまくいっているか。
・彼らの言語的な知識とコミュニケーションにおける実際の言語使用とはどのような関係があるか。
・ネイティブ・スピーカーは彼らの言語使用にどのように反応するか。
(Green and Hecht 1989: 95)

学習者がコミュニケーション上の課題を完成しようとして用いる際の言語の質という問題は、いくつかの研究において調査されてきている (Day 1986; Ellis 1985)。この問題には二つの局面がある。一つは、形式上の適切さの問題であり(つまり、正確な文法と発音)、もう一つは、コミュニケーション上の適切さの問題である(つまり、公式的か非公式的か、丁寧さ、本物らしさなど)。

第9章 教室での言語使用

　文法的正確さについては、学習者は、ペアやグループ討議などの教室でのタスクを行っているとき、文法的に不適切な形式を使っているところがときどき観察される (Porter 1986)。ヒッグスとクリフォード (Higgs and Clifford 1982) は、十分な言語的支援を与えずに学習者にあまりうまく組み立てられていない自由な会話活動を与えると、不正確な発話を化石化させること(つまり、不正確な文法構造を永遠に確立させてしまうこと)につながると主張している。ポーター (Porter 1986) は、コミュニカティブな教室タスクを行っている学習者が、意見や賛成、不賛成を表明する場合の不適切な方法など、社会言語的に不適切な形式を用いていることを見いだしている。「これらの発見は、ネイティブ・スピーカーだけ(または非常に高度なレベルに達したノン・ネイティブ・スピーカー)が社会言語的な能力を与えるような真に適切なインプットを提供できるということを示している」(p. 218)

　しかし、リンチ (Lynch 1989) は、入門期を終了したレベルの言語能力をもった学習者が発した質問の例を以下のように示している。彼らはペアで作業をし、市の地図上に、あるルートの印を付ける活動を行っていた。これらの例は、コミュニカティブ・タスクが、質問を尋ねる機会を多様に提供することを実際に示している。学習者が尋ねた質問は英語の正しい語の配列順序に従っていた。ただ、そのいくつかは助動詞がなかったり冠詞がなかったりしたが、それは、この言語発達段階の学習者には典型的なものである。

What to do?
Are you agree to repeat?
Right or left?
Go down?
Ibrahim, what you understand?
Turn left this one?
This one?
Where is pagoda?
Where is the door?
How will you know?
Which one?

National palace this one?
Where is the national monument?
How you know it is?
What's the name of the road?
What is Vat road?
You hear "by bus"?
That's the national monument?
"National"—may you write?
What does "Statue" mean?
Which one market?
This one?

Which one pagoda?	Clear?
You didn't understand?	Is it museum or . . . ?
Do you want to ask teacher?	Where is first left?
But how can you turn left?	Where is national museum?
When did you turn right?	From which door you come out?
How do you sure?	From this side?
Is this explain?	Silk mill?
Why you need to listen and make it?	Do you agree to listen again?
	It is in the tower?
National what?	Near factory is here?
Where down?	Is factory for silk, silk mill?
Where is monument?	Did you hear "turn right"?
From which way?	

(Lynch 1989: 121-2)

この調査が示しているように、指導の間のティーチャー・トークや学習者が作った言語の量や質については、非常に多くの要素が影響を及ぼしている。教室での言語使用についてのデータを収集したり分析することは、そのようなデータを集める過程そのものが集められた情報の質に影響を与えることがあるので、なかなか難しい問題である。しかし、言語は学習者が自分の理解レベルや学習した範囲を示す手段であるので、教室での言語使用の本質を認識することは、効果的な言語指導を理解するためにはきわめて重要である。

〈ディスカッション〉
1. pp. 212-5 にある幼児バイリンガル教室で見受けられた教室機能のリストを振り返りなさい。これらの機能のうちどれぐらい多くが他の種類の ESL クラスで生じる可能性があるでしょうか。あなたがよく知っている学習者は英語を使う際、他のどのような機能を使う可能性があるでしょうか。
2. p. 215 の4つの種類の定型表現について他の例を示すことができるでしょうか。どれが ESL のクラスの学習者に使われる可能性があるでしょうか。あなたは語学の教室で ESL の学習者に使われ

たこのような定型表現の例を他に観察したことがあるでしょうか。
3. 学習者が特定の言語形式や機能を生み出すために活用できるコミュニカティブな学習活動の例を示すことができるでしょうか。学習者がロール・プレイやインフォメーション・ギャップなどのコミュニカティブな学習活動を行っている際に活用する言語の質について、どうやって学習者にフィードバックを提供できるでしょうか。

発展活動

▶日誌活動

1. 教師—生徒間のコミュニケーションという観点から、あなたが指導する、または、あなたが観察する授業をモニターしなさい。コミュニケーション上の問題はどのように対処されていますか。学習者とのコミュニケーションを支援するためにあなた(または、その教師)はどんな方略を活用していますか。このことが教室言語の質にどのように影響していますか。
2. 学習者の誤りに対するあなたの対処法を述べなさい。あなた(または、あなたが観察している教師)は一連の方略をもっているでしょうか、そして、それらを首尾一貫して活用しているでしょうか。

▶調査活動

1. あなたが指導している(あなたが観察している)授業を記録しなさい。あなた(または、その教師)が内容理解を助けるために用いた方略は何だったでしょうか。
2. 教師が質問をどのように活用しているかという観点から、1で記録した授業を振り返りなさい。質問を手順的質問、収斂的質問、拡散的質問に分類しなさい。これ以外のどのような質問が出現したでしょうか。
3. 語学授業で使えるような、一連の収斂的な質問と一連の拡散的な質問を用意しなさい(例えば、リーディングやリスニングの授業の一部として)。クラスに指導を行い、それを記録しなさい。2種類の質問によっ

て生じた反応のそれぞれには、観察可能な違いがあったでしょうか。
4. 学習者のグループにインタビューを行い、誤り訂正について彼らの考え方を聞き取りなさい。彼らは、どんな誤り訂正の方略がもっとも有益だと考えているでしょうか。
5. 学習者のグループがコミュニケーション活動を行っているのを記録しなさい(例えば、ペアやグループ活動で)。その後テープを聞いて、次のようなものの例があるかどうか確認しなさい。
   a. コミュニケーション方略
   b. 自己訂正
   c. 明確化要求
   学習者の言語はどのくらい文法的に正しく、そして、コミュニケーション上適切だったか。

▶相互観察
1. 授業を観察し、教師の待ち時間を測定しなさい。授業中の平均的待ち時間はどのくらいでしたか。その待ち時間は生徒に反応する機会を与えるのに十分な適切な長さだったでしょうか。次に、その教師をあなたの授業に招き、あなたの授業の待ち時間を調べてもらいなさい。
2. 学習者の誤りを訂正する際に教師が用いる方略に注目しながら、授業を観察しなさい。いつどのようにその教師は学習者の誤りを訂正しているでしょうか。次にその教師を自分のクラスに招き、あなたの授業を観察してもらい、あなたが用いている誤りの訂正方略を調べてもらいなさい。観察が終わった後で、授業中用いられている方略の効果について話し合いなさい。

アクション・リサーチ　ケーススタディ 7

[誤りの訂正]

　これは、私立の語学学校の EFL 環境で働く教師のグループによって準備されたものである。

初期省察

　グループとして我々は、いかに我々が生徒の誤りを訂正しているのか、

我々の訂正方略が効果的なのかどうか知らないことが気になっていた。誤りの訂正に関する文献をいくつか読んで、教師が誤りに対して首尾一貫していないことが多くあることに気付いた。我々教師が従うべき、実施可能なガイドラインを作り出したかった。

計画とアクション

　私たちは、学習者の口頭表現の誤りに対する教師の反応に焦点を当てた。異なるレベルの2時間のクラスを15個分ビデオに撮ることに決めた。生徒たちには我々の目標を伝え、その授業のビデオをとる手だてをとった。私たちはそれからデータを分析した。まず、ビデオ全体を見て、それぞれの活動の時間を計り、生徒が犯した誤りの数と、それぞれの活動の最中にこれらの誤りのいくつが教師によって訂正されたかを数えた。この情報は教師がいつ一番訂正をしたか、いつ訂正をしなかったかを見いだすのに使われた。次に、授業で誤りが頻繁に起こる箇所を選び出した。これらの箇所は、生徒が犯す誤りのタイプを特定したり、それらの誤りのうちどれが教師によって訂正されたか、さらに、それらを教師がどう訂正したかを特定するために再度調べられた。

観察

　入門レベルで教師が共通して訂正した誤りのタイプは、代名詞、語順、そして発音に関係する間違いであることが分かった。これらの誤りのほとんどはミスコミュニケーションにつながった。つまり、生徒は自分の言っていることが理解されなかったために訂正されたのである。実際に訂正された間違いの量は、クラスのレベルにより異なった。前中級クラスでは、誤りの80％は無視され、入門と中級クラスでは30％の誤りしか無視されなかった。また、制限なしのコミュニカティブ活動や非誘導的ディスカッションの間は、私たちはあまり訂正を行わなかった。訂正を行うときの普通の方略は、学習者の活動をとめ、正しい形を繰り返すことであった。学習者はその後教師が言ったことを自然と繰り返していた。

省察

　我々が誤りにどのように対処しているかに関するこれらの観察は、このトピックについていくつかの議論を引き起こすことになった。一般的に言って、我々が訂正する誤りのタイプや訂正のタイミングは適切なもので

あるという点は同意された。しかし、我々がほんの限られた訂正技法のレパートリーしか持ち合わせていないようであると知ったことは、あまりうれしいことではなかった。このため、我々は誤りの訂正のための他の方略を調べ、授業で意識的にこれらの新しい方略を実践することに努めた。今現在は、我々が訂正方略のレパートリーを拡大できたかどうか、そしてそれらがどのぐらい効果的かを調べるため、このアクション・リサーチプロジェクトの第2ラウンドを計画している。

エピローグ

　本書は、多くの TESL プログラムに暗黙にあるものとは異なる視点から、教員養成を省察したものである。言語指導の伝統的な見方においては、それを応用科学、つまり、「応用言語学」と見ることが多かった。指導の底辺をなす重要な理論や知識の基本は、大学のコースで提示される。教師の仕事は、この知識を教室に応用することであった。教師がいったん指導の現場に入ると、おきまりの教室の技術や手順など、指導上のもっと「細かい」面をマスターすることが期待される。指導における改善は、教師が自分の指導を MATESL（大学院 TESL コース）、または、それに類似したコースを受けた際に紹介される理論や原則により近く合致させると達成されるのである。

　しかし、省察的な指導という概念は、指導に対する他の探求中心のアプローチと同様に、教員養成の本質について従来とは違った仮説を設けている。自分の指導を省察する過程は、指導についての知識や理論を発展させるには必須の要素であると見なされ、このため、自己の専門家としての発展のためには主要な要素であるのである。この過程は、教師の職業を続ける間ずっと続くものである。公の教師教育は、教師の発展において、重要ではあるが、ほんの初期の段階に過ぎない。ツァイヒナー（Zeichner 1992）は次のように述べている。

　　…指導することを学ぶことは教師の職業を通してずっと継続するものである。教師教育のプログラムで何をしようと、それがいかにうまくいこうと、せいぜいできることは、教師にうまく指導を開始させることである。従って、教員養成担当者は、将来の教師が自分の指導を研究し、時間をかけて指導がうまくなるための気質と技能を内在化するのを助けることに取り組まなければならない。それは、教師が、自分の専門家としての発展に自ら責任がとれるようにすることである。

　本書を通して、指導に対する批判的省察アプローチを身に付けるため

に、言語指導と言語学習における重要課題を探究してきた。指導について調べるためには、それをいくつかの部分的要素に分解する必要があった。しかし、実際には、この本で議論した問題は、相互に重なり合い関係し合っている。扱われたトピックは通常の ESL 指導法コースでは必ずしも扱われないものである。しかし、それらは指導のどのレベルであっても、また、多くの違った状況であっても繰り返される重要な課題に着目したものである。それらは、また、指導に関する文献において十分に確立したものであり、すでの相当の研究の歴史を有するものである (Wittrock 1986)。

フリーマン (Freeman 1992a) は、教師教育の中心的なチャレンジは、いかに教師が自分の行動を理解し、新しい理解の仕方や行動の仕方をどのように身に付けていくかを理解することだとしている。これは、単に教師に調査研究や理論に触れさせるだけでは達成できず、教師自身が、自分の知識や技能、訓練、指導の経験を活用しながら、指導について自分自身の理論を構築することからしか達成できない。この本の焦点であった、このような批判的な省察という過程こそ、このような成長が生じてくる一つの道なのである。

参考文献

Adams, R., and Biddle, B. 1970. *Realities of Teaching: Explorations with Video Tape.* New York: Holt, Rinehart & Winston.

Allwright, D. 1975. Problems in the study of the teacher's treatment of learner error. In M. Burt and H. Dulay (eds.), *On TESOL '75: New Directions in Second Language Learning, Teaching, and Bilingual Education.* Washington, D.C.: TESOL. pp. 96-109.

Allwrigt, D. 1988. *Observation in the Language Classroom.* New York: Longman.

Allwrigt, D., and Bailey, K. 1991. *Focus on the Language Classroom: An Introduction to Classroom Research for Language Teachers.* Cambridge: Cambridge University Press.

Bailey, K. M. 1990. The use of diary studies in teacher education programs. In J. C. Richards and D. Nunan (eds.), *Second Language Teacher Education.* New York: Cambridge University Press. pp. 215-26.

Banbrook, L., and Skehan, P. 1989. Classroom and display questions. In C. Brumfit and R. Mitchel (eds.), *Research in the Language Classroom.* London: Modern Engrish Publications in association with The British Council.

Barr, P.; Clegg, J., and Wallace, C. 1981. *Advanced Reading Skills.* Essex: Longman.

Bartlett, L. 1987. History with hindsight: curriculum issues and directions in the AMEP. In J. Burton (ed.), *Implementing the Learner-Centred Curriculum.* Adelaide, Australia: National Curriculum Resource Centre. pp. 145-55.

Bartlett, L. 1990. Teacher development through reflective teaching. In J. C. Richards and D. Nunan (eds.), *Second Language Teacher Education.* New York: Cambridge University Press. pp. 202-14.

Bartlett, L. and Butler, J. 1985. *The planned curriculum and being a curriculum planner in the Adult Migrant Education Program.* Report to the Committee of Review of the Adult Migrant Education Program, Department of Immigration and Ethnic Affairs, Canberra.

Bialystok, E. 1978. A theoretical model of second language learning, *Language Learning.* 28: 69-83.

Biggs, J. B., and Telfer, R. 1987. *The Process of Learning.* Sydney: Prentice-Hall of Australia.

Bondy, E. 1990. Seeing it their way: what children's definitions of reading tell us about improving teacher education. *Journal of Teacher Education 41*, 5: 33-45.

Breen, M., and Candlin, C. N. 1980. The essentials of a communicative curriculum in language teaching. *Applied Linguistics 1*, 2: 89-112.

Brick, J. 1991. *China: A Handbook in Intercultural Communication.* Sydney, Australia: National Centre for English Language Teaching and Research.

Brindley, G. P. 1984. *Needs Analysis and Objective Setting in the Adult Migrant Education Program.* Australia: AMES.

Brock, M., Yu, B., and Wong, M. 1992. "Journaling" together: Collaborative diary-keeping and teacher development. In J. Flowerdew, M. Brock, and S. Hsia (eds.), *Perspectives on Second Language Teacher Davelopment.* Hong Kong: City Polytechnic of Hong Kong, pp. 295-307.

Brophy, J., and Good, T. 1986. Teacher behavior and student achievement. In M. C. Wittrock (ed.), *Handbook of Research on Teaching*, 3rd ed. New York: Macmillan. pp. 328-75.

Brown, G. 1975. *Microteaching.* New York: Methuen.

Butler, J., and Bartlett, L. 1986. The active voice of teachers: curriculum planning in the AMEP. *Prospect 2*, 1: 13-28.

Cathcart, R. 1986. Situational differences and the sampling of young children's school language. In R. Day (ed.), *Talking to Learn: Conversation in Second Language Acquisition.* Rowley, Mass.: Newbury House. pp. 118-42.

Cazden, C. B.; John, V. P.; and Hymes, D. (eds.), 1972. *Functions of Language in the Classroom.* New York: Teachers College Press.

Chaudron, C. 1988. *Second Language Classrooms: Research on Teaching and Learning.* New York: Cambridge University Press.

Clark, C. M., and Yinger, R. J. 1979. Teachers' thinking. In P. Peterson and H. J. Walberg (eds.), *Research on Teaching.* Berkeley: McCutchen.

Clark, C. M., and Peterson, P. L. 1986. Teachers' thought processes. In M. C. Wittrock (ed.), *Handbook of Research on Teaching*, 3rd ed. New York: Macmillan. pp. 255-96.

Connell, R. W. 1985. *Teachers' Work.* Australia: George Allen & Unwin.

Cross, K. P. 1988. In search of zippers. *Bulletin of the American Association for Higher Education 40:* 3-7.

Day, R. (ed.), 1986. *Talking to Learn: Conversation in Second Language Acquisition.* Rowley, Mass.: Newbury House.

Doff, A., and Jones, C. 1991. *Language in Use: A Pre-intermediate*

Course. Cambridge: Cambridge University Press.

Doyle, W. 1986. Classroom organization and management. In M. C. Wittrock (ed.), *Handbook of Research on Teaching*, 3rd ed. New York: Macmillan. pp. 392–431.

Eisner, E. W. 1967. Educational objectives: help or hindrance? *School Review 75:* 250–66.

Ellis, R. 1984. *Classroom Second Language Development.* Oxford: Pergamon Press.

Ellis, R. 1985. *Understanding Second Language Acquisition.* Oxford: Oxford University Press.

Ellis, R., and McClintock, A. 1990. *If You Take My Meaning: Theory into Practice in Human Communication.* London: Edward Arnold.

Fanselow, J., F. 1987. *Breaking Rules: Generating and Exploring Alternatives in Language Teaching.* New York: Longman.

Feiman-Nemser, S., and Floden, R. E. 1986. The cultures of teaching. In M. C. Wittrock (ed.), *Handbook of Research on Teaching*, 3rd ed. New York: Macmillan. pp. 505–26.

Findley, C., and Nathan, L. 1980. Functional language objectives in a competency based ESL curriculum. *TESOL Quarterly 14*, 2: 221–31.

Fisher, C. W.; Felby, W.; Marliane, R.; Cahen, L.; Dishaw, M.; Moore, J.; and Berliner, D. 1978. *Teaching Behaviors, Academic Learning Time, and Student Achievement: Final Report of Phases 111–113.* Beginning Teacher Evaluation Study. San Francisco: Far West Laboratory for Educational Research and Development.

Freeman, D. 1992a. Language teacher education, emerging discourse, and change in classroom practice. In J. Flowerdew, M. Brock, and S. Hsia (eds.), *Perspectives on Second Language Teacher Development.* Hong Kong: City Polytechnic of Hong Kong. pp. 1–21.

Freeman, D. 1992b. Three views of teachers' knowledge. *Teacher Development—The Newsletter of IATEFL Teacher Development Group*, No. 18.

Fujiwara, B. In preparation. Planning an advanced listening comprehension elective for Japanese university students. In K. Graves (ed.), *Teacher-designed Course.*

Gall, M. 1984. Synthesis of research on teachers' questioning. *Educational Leadership 42:* 40–7.

Good, T. L., and Brophy, J. 1987. *Looking in Classrooms.* New York: Harper & Row.

Good, T. L., and Power, C. 1976. Designing successful classroom environments for different types of students. *Journal of Curriculum*

Studies 8: 1-16.

Gower R., and Walters, S. 1983. *Teaching Practice Handbook: A Reference Book for EFL Teaching in Training.* London: Heineman.

Gray, A. 1991. Self-reflection and learner competence. *Carleton Papers in Applied Language Studies* 8: 22-34.

Green, P. S., and Hecht, K. 1989. Investigating learners' language. In C. Brumfit and R. Mitchel (eds.), *Research in the Language Classroom.* London: Modern English Publications in association with The British Council.

Gregory, R. 1988. *Action Research in the Secondary Schools.* London: Routledge, Chapman & Hall.

Halkes, R., and Olson, J. K. 1984. *Teacher Thinking: A New Perspective on Persisting Problems in Education.* Lisse, Netherlands: Swets & Zeitlinger.

Harmer, J. 1991. *The Practice of English Language Teaching*, new ed. London: Longman.

Hartzell, R. W. 1988. *Harmony in Conflict: Active Adaptation to Life in Present-day Chinese Society.* Taiwan: Caves Books.

Hatch, E. 1978. *Second Language Acquisition.* Rowley, Mass.: Newbury House.

Hendrickson, J. M. 1978. Error correction in foreign language teaching: recent theory, research, and practice. *Modern Language Journal* 62: 387-98.

Heuring, D. L. 1984. The revision strategies of skilled and unskilled ESL writers: five case studies. Master's thesis. University of Hawaii at Manoa.

Higgs, T., and Clifford, R. 1982. The push toward communication. In T. Higgs (ed.), *Curriculum, Competence, and the Foreign Language Teacher.* Skokie, Ill.: National Textbook.

Horwitz, E. 1987. Surveying student beliefs about language learning. In A. Wenden and J. Rubin (eds.), *Learner Strategies in Language Learning.* London: Prentice-Hall.

Hosenfeld, C. 1977. A preliminary investigation of the reading strategies of successful and non-successful second language learners. *System 5:* 110-23.

Hosenfeld, C. A.; Kirchofer, V.; Laciura, J.; and Wilson, L. 1981. Second language reading: a curricular sequence for teaching reading strategies. *Foreign Language Annals 4:* 415-22.

Hubbard, P.; Jones, H.; Thorton, B.; and Wheeler, R. 1983. *A Training Course for TEFL.* Oxford: Oxford University Press.

Hyland, K. 1991. Collaboration in the language classroom. *Prospect 7,*

1: 85-92.
Jackson, P., and Lahaderne, H. 1967. Inequalities of teacher-pupil contacts. *Psychology in Schools* 4: 204-8.
Johnson, K. 1992a. The relationship between teachers' beliefs and practices during literacy instruction for non-native speakers of English. *Journal of Reading Behavior* 24: 83-108.
Johnson, K. 1992b. The instructional decisions of pre-service English as a second language teachers: new directions for teacher preparation programs. In J. Flowerdew, M. Brock, and S. Hsia (eds.), *Perspectives on Second Language Teacher Development.* Hong Kong: City Polytechnic of Hong Kong. pp. 115-34.
Jones, L., and von Baeyer, C. 1983. *Functions of American English.* New York: Cambridge University Press.
Kagan, S. 1987. *Cooperative Learning Resources for Teachers.* Riverside: University of California.
Keefe, J. 1979. Learning style: an overview. In A. Gregorc (ed), *Student Learning Styles.* Reston, Va.: National Association of Secondary School Principals.
Kember, D., and Kelly, M. 1992. *Using Action Research to Improve Teaching.* Hong Kong: Hong Kong Polytechnic.
Kemmis, S., and McTaggart, R. 1988. *The Action Research Planner,* 3rd ed. Victoria: Deakin University Press.
Kennedy, N. 1990. *Policy Issues in Teacher Education.* East Lansing, Mich: National Center for Research on Teacher Education.
Kessler, C. (ed.). 1992. *Cooperative Language Learning.* Englewood Cliffs, N. J.: Prentice-Hall.
Kindsvatter, R.; Willen, W.; and Ishler, M. 1988. *Dynamics of Effective Teaching.* New York: Longman.
Knowles, L. 1982. *Teaching and Reading.* London: National Council on Industrial Language Training.
Krashen, S. D. 1985. *The Input Hypothesis: Issues and Implications.* New York: Longman.
Krashen, S. D, and Terrell, T. 1983. *The Natural Approach.* Oxford: Pergamon.
Lapp, R. 1984. The process approach to writing: towards a curriculum for international students. Master's thesis. Working Paper available from Department of English as a Second Language, University of Hawaii.
Larsen-Freeman, D. 1986. *Techniques and Principles in Language Teaching.* New York: Oxford University Press.
Leki, I. 1989. *Academic Writing: Techniques and Tasks.* New York:

St. Martin's Press.

Levin, T., with Long, R. 1981. *Effective Instruction.* Alexandria, Va.: Association for Supervision and Curriculum Development.

Lewis, L. 1989. Monitoring: prerequisite for evaluation. *Prospect 4,* 3: 63-79.

Littlewood, W. 1986. *Communicative Language Teaching.* Cambridge: Cambridge University Press.

Long, M. H. 1983. Native speaker/non-native speaker conversation in the second language classroom. In M. A. Clark and J. Handscombes (eds.), *On TESOL '82: Pacific Perspectives on Language Learning and Teaching.* Washington, D. C.: TESOL. pp. 207-25.

Long, M. H.; Brock, C; Crookes, G; Deike, C; Potter, L; and Zhang, S. 1984. The effect of teachers' questioning patterns and wait-time on pupil participation in public high school classes in Hawaii for students of limited English proficiency. Technical Report No. 1. Honolulu: Center for Second Language Classroom Research, Social Science Research Institute, University of Hawaii at Manoa.

Long, M. H., and Sato, C. J. 1983. Classroom foreigner talk discourse: forms and functions of teachers' questions. In H. W. Seliger and M. H. Long (eds.), *Classroom Oriented Research in Second Language Acquisition.* Rowley, Mass.: Newbury House. pp. 268-85.

Lortie, D. 1957. *Schoolteacher: A Sociological Study.* Chicago: University of Chicago Press.

Lynch, T. 1989. Researching teachers: behaviour and belief. In C. Brumfit and R. Mitchel (eds.), *Research in the Language Classroom.* Modern English Publications in association with The British Council.

Macdonald, J. B. 1965. Myths about instruction. *Educational Leadership 22:* 571-6.

McGrath, I.; Davies, S.; and Mulphin, H. 1992. Lesson beginnings. *Edinburgh Working Papers in Applied Linguistics* No. 3: 92-108.

Mehan, D. 1979. *Learning Lessons.* Cambridge: Harvard University Press.

Murphy, J. M. 1991. An etiquette for the non-supervisory observation of L2 classrooms. Paper presented at the 1st International Conference on Teacher Education, City Polytechnic of Hong Kong.

Naiman, N.; Frohlich, M.; Stern, H.; and Todesco, A. 1978. *The Good Language Learner.* Toronto: Ontario Institute for Studies in Education.

Neely, A. M. 1986. Planning and problem solving in teacher education. *Journal of Teacher Education 32,* 3: 29-33.

Nunan, D. 1988. *The Learner-Centred Curriculum.* Cambridge:

Cambridge University Press.

Nunan, D. 1989a. *Understanding Language Classrooms: A Guide for Teacher-initiated Action.* Hertfordshire: Prentice-Hall.

Nunan, D. 1989b. *Designing Tasks for the Communicative Classroom.* Cambridge: Cambridge University Press.

Nuttall, C. 1982. Teaching Reading Skills in a Foreign Language. London: Heinemann.

Omaggio, A. 1986. *Teaching Language in Context: Proficiency-Oriented Instruction.* Boston, Mass.: Heinle & Heinle Publishers, Inc.

O'Malley, J. M., and Chamot, A. U. 1990. *Learning Strategies in Second Language Acquisiton.* New York: Cambridge University Press.

O'Neill, M., and Reid, J. A. 1985. *Educational and Psychological Characteristics of Students Gifted in English.* Canberra, Australia: Commonwealth Schools Commission.

Oxford, R. 1990. *Language Learning Strategies: What Every Teacher Should Know.* New York: Newbury House.

Pak, J. 1986. *Find Out How You Teach.* Adelaide, Australia: National Curriculum Resource Centre.

Parker, W. C. 1984. Developing teacher's decision making. *Journal of Experimental Education 52*, 4: 220-6.

Pennington, M. 1991. Work satisfaction in teaching English as a second language. Department of English Research Report No. 5. City Polytechnic of Hong Kong.

Phillips, S. V. 1972. Participant structures and communicative competence: Warm Springs Indian children in community classrooms. In C. Cazden, V. John, and D. Hymes (eds.), *Functions of Langage in the Classroom.* New York: Teachers College Press.

Porter, P. 1986. How learners talk to each other: input and interaction in task-centered discussions. In R. Day, (ed.), *Talking to Learn: Conversation in Second Language Acquisition.* Rowley, Mass.: Newbury House. pp. 220-2.

Porter, P. A.; Goldstein, L. M.; Leatherman, J.; and Conrad, S. 1990. An ongoing dialogue: learning logs for teacher preparation. In J. C. Richards and D. Nunan (eds.), *Second Language Teacher Education.* New York: Cambridge University Press. pp. 227-40.

Proett, J. and Gill, K. 1986. *The Writing Process in Action: A Handbook for Teachers.* Urbana, Illinois: National Council of Teachers of English.

Reid, J. 1987. The learning style preferences of ESL students. *TESOL Quarterly 21:* 87-103.

Richards, J. C. 1990. *The Language Teaching Matrix.* New York:

Cambridge University Press.
Richards, J. C.; Ho, B.; and Giblin, K. 1992. Learning how to teach: a study of EFL teachers in pre-service training. Department of English Research Report No. 19. City Polytechnic of Hong Kong.
Richards, J. C., and Lockhart, C. 1991-1992. Teacher development through peer observation. *TESOL Journal 1*, 2: 7-10.
Richards, J. C., and Rodgers, T. 1986. *Approaches and Methods in Language Teaching: A Description and Analysis.* New York: Cambridge University Press.
Richard, J. C.; Tung, P.; and Ng, P. 1991. The culture of the English language teacher: a Hong Kong example. Department of English Research Report No. 6. City Polytechnic of Hong Kong.
Rosenshine, B., and Stevens, R. 1986. Teaching functions. In N. C. Wittrock (ed.), *Handbook of Research on Teaching*, 3rd ed. New York: Macmillan. pp. 376-91.
Rowe, M. B. 1974. Wait time and reward as instructional variables, their influence on language, logic and fate control: Part one—wait time. *Journal of Research on Science Teaching* 11: 81-94
Rubin, J. 1985. *The Language Learning Disc.* Descriptive pamphlet, Joan Rubin Associates, Berkeley, Calif.
Schinke-Llano, L. 1983. Foreigner talk in content classrooms. In H. W. Seliger and M. H. Long (eds.), *Classroom Oriented Research in Second Language Acquisition.* Rowley, Mass.: Newbury House.
Schratz, M. 1992. Researching while teaching: an action research in higher education. *Studies in Higher Education 17*, 1: 81-95.
Shannon, P. 1987. Commercial readings materials, a technological ideology, and the deskilling of teachers. *Elementary School Journal 87*, 3: 307-29.
Shavelson, R. 1973. What is the basic teaching skill? *Journal of Teacher Education 24*, 2: 144-51.
Sinclair, J., and Brazil, D. 1982. *Teacher Talk.* Oxford: Oxford University Press.
Sinclair, J., and Coulthard, M. 1975. *Towards an Analysis of Discourse.* London: Oxford University Press.
Stanley, S. 1990. Negotiating lesson content and structure. *Spoken Language in the Classroom 1.* Adelaide, Australia: Languages & Multicultural Centre.
Swan, M., and Walter, C. 1990. *The New Cambridge English Course.* Cambridge: Cambridge University Press.
Sy, B. 1991. Student learning style preferences in the EFL classroom. *Applied English Instruction and Management Colloquium Proceedings.*

Taipei, Taiwan: Ming Chuan College.
Tikunoff, W. 1985a. *Developing Student Functional Proficiency: Part 1.* Gainesville: University of Florida.
Tikunoff, W. 1985b. *Applying Significant Bilingual Instructional Features in the Classroom.* Rosslyn, Va.: National Clearinghouse for Bilingual Education.
Titone, R. 1968. *Teaching Foreign Languages: An Historical Sketch.* Washington, D. C.: Georgetown University Press.
Tumposky, N. 1991. Student beliefs about language learning: a cross-cultural study. *Carleton Papers in Applied Language Studies* 8: 50–65.
Vann, R., and Abraham, R. 1990. Strategies of unsuccessful language learners. *TESOL Quarterly 24*, 2: 177–98.
Walker, D. 1985. Writing and reflection. In D. Boud, R. Keogh, and D. Walker (eds.), *Reflection: Turning Experience into Learning.* London: Kogan Page.
Wallace, M. J. 1991. *Training Foreign Language Teachers: A Reflective Approach.* Cambridge: Cambridge University Press.
White, J., and Lightbown, P. 1984. Asking and answering in ESL classes. *Canadian Modern Language Review* 40: 228–44.
Willing, K. 1988. *Learning Styles in Adult Migrant Education.* Adelaide, Australia: National Curriculum Resource Centre.
Willis, J. 1981. *Teaching English through English.* London: Longman.
Wittrock, M. C. (ed.). 1986. *Handbook of Research on Teaching*, 3rd ed. New York: Macmillan.
Wong-Fillmore, L. 1985. When does teacher talk work as input? In S. Gass and C. Madden (eds.), *Input in Second Language Acquisition.* Roweley, Mass.: Newbury House. pp. 17–50.
Woods, D. 1991. Teachers' interpretations of second language teaching curricula. *RELC Journal 22*, 2: 1–18.
Woodward, T. 1991. *Models and Metaphors in Language Teacher Training: Loop Input and Other Strategies.* Cambridge: Cambridge University Press.
Wright, T. 1987. *Roles of Teachers and Learners.* Oxford: Oxford University Press.
Zeichner, K. 1992. Rethinking the practicum in the professional development school partnership. *Journal of Teacher Education 43*, 4: 296–307.
Zornada, I., and Bojanic, S. 1988. Strategies used by competent language learners. *Learners and Language Learning: Stage 1.* Adelaide, Australia: Languages & Multicultural Centre.

索　引

あ 行

アクション　15, 21, 30, 77, 104, 127, 146, 196
アクション・サイクル　30
アクション・プラン　8, 15-6, 146
アクション・リサーチ　8, 15-6, 18, 28-30, 76, 103, 104, 126, 145, 175, 195, 220
アクティブ・ティーチング　115
アクティブ・リスニング　37
誤り　219
誤り訂正　220
誤りの訂正　220-2
アンケート　23, 104
アンケート調査　7, 12, 17
意思決定　87, 91, 94-8, 102-3, 109-10, 120, 131, 139-41, 171, 179, 189-92, 208
意思決定方法　99
インタラクション　2, 27-8, 41, 46, 48, 50, 59, 63, 75, 110, 116, 154, 156-9, 161-5, 168-72, 174, 178, 184, 195, 197, 199, 204, 208, 212, 215-6
インタラクション・スタイル　2, 154, 163-4, 171-2
インフォメーション・ギャップ　219
ウォーム・アップ活動　105
歌　106, 186
援助者　109
応用活動　183
応用言語学　223
オーディオ・リンガル・メソッド　140
オーディオリンガル教授法　117, 182
終わり　130, 132, 143-5, 153
音声テープ　13, 102
音声テープの録音　104
音読　186

か 行

カウンセラー　112
拡散的質問　206, 219
学習意欲　126
学習環境　116
学習者の誤り　220
学習者の信条　55, 57, 60, 74
学習者の信条システム　55, 60, 62
学習者のニーズ　125
学習者方略　70, 72, 76
学習者方略リスト　74
学習スタイル　37, 64, 74-5, 83, 85
学習成果　88
学習方法　114, 120
学習方略　55, 59, 61, 68, 69, 72, 74, 76, 81, 190
化石化　217
活動タイプ　195, 198
観察　7, 14-5, 17, 21, 25-30, 78, 102-4, 127, 146, 174, 176, 196
観察記録　76
記憶活動　182
記憶方略　69
技能中心アプローチ　47
機能中心のアプローチ　47
決まり文句 (routines)　215-6
教案　88
教科書　42-3, 57, 78, 90, 115, 123, 127
教具　106
教材　43, 107, 111-2, 129
教師教育　223
教師指導型　118
教室活動　121
教師の信条　32, 34-6, 46-7, 57
教師の信条システム　32, 47, 62, 96, 121
教師の信条リスト　51, 53
教師の役割　109, 110, 113-5, 117-9, 122, 126
教授法　114
共同学習　34, 40
共同学習法　116, 169

共同指導日誌　20
規律　92
記録　9, 96
記録活動　102, 125, 194
具体的学習スタイル　64
繰り返し　200
グループ学習者　75
グループ・ディスカッション　187
グループ編成　88, 175, 187, 189, 193
グループ編成法　2, 92
グループ・ワーク　57, 116, 123, 145, 171, 190
クローズ (cloze) 文章　186
計画　20, 29, 76, 100, 104, 127, 145, 196
計画意思決定　87, 88, 92-3, 100
計画とアクション　175, 221
計画立案　15
ゲーム　104, 106
権威的学習スタイル　65, 66
研究者　112
言語研修プログラム　73
構造化 (structuring)　130
行動区域　157, 206
行動計画　29
口頭指導法　115
行動目標　88
口頭練習　187
個人学習者　75
コミュニカティブ・アプローチ　42
コミュニカティブ言語教授法　34, 99, 114, 117, 169, 188
コミュニケーション方略　61, 215, 220
コンタクト・システム　126-8

さ　行

サイレント・ウェイ　140
座席配置　121
視覚学習者　74
自己統制技能　71
自己評価　73, 89, 113
実学習時間 (academic learning time)　191
実地調査　7, 12, 17
実地調査的指導法　16

指導案　93, 99
指導過程　129
指導スタイル　2, 109, 121, 125
指導についての自分自身の理論　224
指導日誌　7, 17, 19
指導方法　121
指導方略　88
指導理論　114
社交的方略　69, 70
収斂的質問　206, 219
授業案　10, 92-4, 106
授業運営　92
授業観察　75, 103, 125, 195
授業記録　7, 10-3, 17, 22, 46, 93, 102, 173
授業計画　91, 101, 103, 105-6
授業参観　47
授業準備　98-9, 107
授業日誌　10, 95
授業の目標　129
授業妨害　92
授業報告　145, 195
授業報告用紙　195, 198
順序立て　130, 134-5, 138, 144-5, 153, 187-8
情意的方略　69-70
小グループ　96
省察　15, 20-1, 30, 78, 104, 127, 147, 176, 197, 221
省察的なアプローチ　1
省察的な指導　223
情緒上の活動　184
少人数グループ　130
初期省察　28, 76, 103, 126, 145, 175, 195, 220
触覚学習者　75
シラバス　111-2
信条　1, 31-6, 38-47, 51, 55-7, 59, 60, 63, 74, 79, 87, 97, 104, 124
信条システム　46, 62, 99, 100, 102
身体学習者　75
生徒主体　118
説明責任　45
先生英語　17

専門家　112
専門職　25, 43-4
専門性　43-5
相互観察　8, 14, 27, 47, 73, 76, 103, 174, 220
相互作用的意志決定　87, 93-8, 100, 102-3, 141
相互評価　73

た　行
対作業時間 (time-on-task)　191
タスク　91, 95, 188
タスク中心指導法　34
聴覚学習者　75
調査課題　74, 172
調査活動　47, 219
直接教授法　115
ディクテーション　186-7
定型表現 (formulaic speech)　215-6, 218-9
提示活動　182
ディスプレイ質問 (display questions)　205
ティーチャー・トーク (teacher talk)　201-2, 218
ディベート　186
手順　187-8
手順的質問　203-4, 219
テスト　78
伝統的な学習スタイル　65
トータル・フィジカル・レスポンス　117-8

な　行
内容理解活動　183
日誌　8-10, 20-2, 73, 101, 104, 124
日誌活動　46, 74, 101, 124, 144, 172, 194, 219
認知スタイル　55, 63-8, 74
認知方略　69, 70
ネイティブ・スピーカー　216-7

は　行
始まり　130-4, 145, 148

パタン　216
場面言語教授法　136, 180
板書計画　106
ビデオ　7, 13-4, 102
批判的・省察的なアプローチ　4
批判的省察　1, 5
批判的省察アプローチ　223
批判的省察的指導法　16
批判的な省察　5, 7, 29, 224
評価　42-3, 45, 111, 113, 121, 127, 187, 192, 212
評価活動　184
評価的意志決定　87, 98-100, 102
評価手順　121
評価の在り方　29
フィードバック　206-11
フィードバック活動　184
復習　129
プレゼンテーション　189
プロセス・アプローチ　17, 137
プロセス・ライティング法　114, 180
分析的学習スタイル　65
分析的スタイル　66
文法規則中心のアプローチ　47
文法訳読式　182
ペア　96
ペア・ワーク　28, 57, 116, 145, 169-71, 175-6
ペース配分　130, 140-5, 153
方略　37, 216, 219
方略活動　183
補完方略　69-70
母語話者とのやりとり　37
ポーズ　200
ホール・ランゲージ法　114

ま　行
ミスコミュニケーション　221
メタ認知方略　69-71
目標　187
問題解決　216

ら・わ　行
ライティング　41

理解可能なインプット (comprehensible input) 169, 201-2
リソース 189
リーディング 42, 62-3
レファレンシャル質問 (referential questions) 205
練習活動 182
録音 7, 14

録音テープ 14
録音やビデオによる記録 17
録音やビデオによる授業記録 13
ロール・プレイ 37, 48, 75, 85, 89, 191, 216, 219
割り当てられた時間 (allocated time) 191, 194-5

〈訳　者〉
新里眞男(にいさと　まさお)
　東京教育大学文学部卒業。東京教育大学附属高校教諭、筑波大学学校教育部講師、文部省教科調査官を経て、現在、富山大学教育学部教授。専門は英語教育。著訳書：『英語指導技術再検討』(共編著、大修館)、『オーラル・コミュニケーション展開事例集』(共編、一橋書店)、『コミュニカティブ・テスティング』(共訳、研究社出版)、『アメリカ風外国語学習法』(共訳、研究社出版)

KENKYUSHA
〈検印省略〉

英語教育のアクション・リサーチ

| 2000年7月25日　印刷 | 2000年8月1日　初版発行 |

著　者　ジャック・C・リチャーズ
　　　　　チャールズ・ロックハート
訳　者　新　里　眞　男
発行者　浜　松　義　昭
印刷所　研究社印刷株式会社

発　行　所　研究社出版株式会社
〒102-8152
東京都千代田区富士見 2-11-3
電話 (編集) 03 (3288) 7755 (代)
　　 (販売) 03 (3288) 7777 (代)
振　替　00170-2-83761

ISBN 4-327-41056-X　C3082　　Printed in Japan

装丁　高橋　文雄